CLEMENS SEDMAK

JEDER TAG
HAT VIELE LEBEN

DIE PHILOSOPHIE DER KLEINEN SCHRITTE

Lektorat: Claudia Jürgens
Art Direction: Peter Feierabend
Gestaltung und Satz: Frank Behrendt
Coverfotos: iStockphoto.com/Uhr © Steve Collender
123rf.com/Vater mit Tochter © Stefano Valle, Paar © kurhan, Frau © Andres Rodriguez

ISBN: 978-3-7110-0063-7
1 2 3 4 5 6 7 8 / 16 15 14
www.ecowin.at
Printed in Europe

CLEMENS SEDMAK

JEDER TAG
HAT VIELE LEBEN
DIE PHILOSOPHIE DER KLEINEN SCHRITTE

ecoWIN

INHALTSVERZEICHNIS

VORWORT

„Ich möchte morgens früher aufstehen", „ich will mich bemühen, weniger Fleisch zu essen", „ich will nie wieder mein Kind anbrüllen", „ich nehme mir vor, von nun an ein Tagebuch mit täglichen Einträgen zu führen", „ich will jeden Tag eine Viertelstunde Zeitung lesen", „ich fasse den Vorsatz, wenigstens zweimal in der Woche Sport zu treiben", „ ich will meinen Kaffeekonsum reduzieren". Sätze wie diese sind vertraut. Ebenso vertraut sind Neujahrsvorsätze, wie sie gefasst werden, wie sie scheitern. In allen diesen Fällen geht es darum, dass wir etwas regelmäßig tun oder in aller Regel nicht mehr tun wollen. Das ist eine Frage der Gewohnheiten.

Dies ist ein Buch über tägliche Gewohnheiten. Was tun wir jeden Tag? Die meiste Zeit tun wir doch das, was wir die meiste Zeit tun. So gesehen sind Gewohnheiten wie die festen Bestandteile des Lebens, Baumaterial, das dem Alltag Halt und Stabilität verleiht. Das Leben ist dann wie eine feste Burg, wenn es von Gewohnheiten getragen wird. Freilich: Eine Burg kann auch zur Festung werden, die alles Leben erstickt, eine Gefängnisinsel wie Alcatraz. Das Tückische an einer Festung ist ja die doppelte Dynamik, dass man nicht nur schwer hineingelangt, sondern auch nur schwer herauskommt. Gewohnheiten können diese doppelte Rolle spielen. Sie schützen und sie sperren ein; sie binden und sie ketten an.

Dies ist ein Buch über Veränderungen und über Wachstum; über die Arbeit an sich selbst; über die Achtung vor einem Tag, an dem viel geschehen und viel gestaltet werden kann. Die Aussagen dieses Buches lassen sich in drei Sätzen zusammenfassen:

1. Du sollst dein Leben ändern.
2. Die nachhaltigste Form der Lebensveränderung ist die Veränderung einer Gewohnheit – die Aneignung einer neuen Gewohnheit, das Ablegen einer bestehenden Gewohnheit.
3. Die einfachste Art einer Gewohnheitsveränderung ist der konkrete Schritt, eine einzige Gewohnheit konsequent zu verändern. Das ist ein erster Schritt, auf den mühelos weitere Schritte folgen. Jeder Schritt für sich gesehen ist einfach – die Veränderung, die entsteht, kann groß, großartig und auch kompliziert sein.

Damit das Buch nicht bloß eine Folge von schönen Gedanken ist, habe ich ein Dutzend Personen gebeten, sich einem „30-Tage-Experiment" zu unterziehen: einen Monat lang jeden Tag konsequent eine einzige Gewohnheit zu verändern, entweder sich eine neue Gewohnheit anzueignen oder mit einer Gewohnheit zu brechen. Diese Erfahrungen sind in das Buch eingeflossen. Ich habe auch mit meinem Leben experimentiert. Das Buch ist damit im Grunde die bescheidene Form einer „Selbstethik", einer „Ethik im Umgang mit mir selbst", einer experimentellen Lebensethik.

Ich danke Hannes Steiner für den Anstoß zu diesem Projekt sowie Christina Kindl, Claudia Jürgens und Martina Paischer für die Betreuung. Danken möchte ich auch allen Gewohnheitskünstlerinnen und -künstlern, die sich auf ein Lebensveränderungsexperiment eingelassen haben. Ihre Namen wurden selbstverständlich verändert. Bitten darf ich um wohlwollende Aufnahme der Gedanken.

Ich möchte dieses Buch Professor Steve Bevans zu seinem 70. Geburtstag widmen. Steve hat es sich zur Gewohnheit gemacht, sich jeden Tag durch die Lektüre von Lebensbeschreibungen heiligmäßiger Menschen inspirieren zu lassen. Er ist selbst zur Inspiration geworden.

Salzburg, im Sommer 2014

1

Routinen und Rituale: Gewohnheiten und die Idee des Alltags

Gewohnheiten sind alltäglich. Begriffe wie „selbstverständlich", „vertraut", „regelmäßig" kommen hier in den Sinn, im Gegensatz zu „spontan", „einmalig", „neu". Gewohnheiten strukturieren einen Tag. Wir setzen uns gern an denselben Platz an einem Ort, den wir öfter frequentieren, wir bestellen gerne immer das Gleiche in einem Restaurant, die meisten von uns sind froh, wenn sie die gleichen Dinge immer wieder tun können. Viele Menschen haben eine Morgenroutine, mit der sie in den Tag schreiten, ohne in den Tag hineinzustolpern. Wasser, Sport, Ruhe, Frühstück, so hört man, seien gute Elemente einer vernünftigen, gesundheitsbewussten Morgenroutine. Dann bekommt man die Kraft für einen langen Tag. Denn Obacht, ein Tag kann lang sein.

„Ein Tag hat viele Leben" ist ein Satz, der folgenden Gedanken ausdrücken soll: Ein Tag im Leben eines Menschen kann lang sein; am Anfang eines Tages liegt ein weißes Blatt Papier vor einem Menschen, der dieses Papier dann Stunde um Stunde füllt. 24 Stunden lang zu fasten kann den Tag ebenso lang machen wie das Warten auf etwas Wichtiges, eine beschwerliche Reise, ein ereignisarmer Wochenendtag. Wenn man einen Film drehen möchte, ist es schon ein großer Erfolg, wenn ein langer Arbeitstag zwei Minuten Filmmaterial erbringt. Es kann schwer sein, einen Vorsatz einen ganzen langen Tag mit seinen Höhen und Tiefen, die er mit sich bringt, durchzuhalten. In religiösen Traditionen sagt man manchmal, dass Heilige nicht durch außergewöhnliche

Taten „gemacht" werden, sondern durch den gelebten Alltag. Meine Großmutter sagte gern, es komme darauf an, jeden Tag „mit Anstand" hinter sich zu bringen.

Ein Tag kann lang sein. So wie ein Dorf oder ein Kloster oder auch das Heim einer Familie ein „Mikrokosmos" ist, in dem sich das menschliche Leben als Ganzes, mit all seinem Auf und Ab, zeigt, so ist auch ein Tag eine Welt für sich. „Jeder Tag hat seine eigene Plage", heißt es in der Bergpredigt (Mt 6,34). Unser Leben ist eine Abfolge von Tagen; jeder Tag ist eine vollständige Einheit. Jeder Tag ist „der Beginn des restlichen Lebens". Ein Freund von mir hat am Tag seiner Priesterweihe das Pfarrfest unter das Motto gestellt: „Today is the beginning of the rest of my life". Dieser Satz gilt an jedem einzelnen Tag. Dieser Satz gewinnt in fortgeschrittenem Alter oder angesichts einer Grenze an Brisanz.

Der polnische Jurist Raphael Lemkin, der Vorkämpfer der Menschenrechte, der das Wort „Genozid" prägte, war seit dem 6. September 1939 nach dem Einfall der Nazis auf der Flucht und wollte seinen Eltern einen Abschiedsbesuch abstatten. Er hatte sich von Warschau aus auf abenteuerliche Weise durchgekämpft – jeder Tag ein neuer Kampf mit Todesgefahren, jeder Tag eine Herausforderung mit Hunger, Bedrohungen, der Frage nach dem Schlafplatz und der Marschroute. Er wurde festgenommen und wieder freigelassen, erfuhr Ablehnung und blanke Aggression. Aber er schaffte es, Wołkowysk, die Stadt seiner Eltern, zu erreichen. Wie ein Dieb stahl er sich um sechs Uhr morgens ins Haus. Ein Freudentag, ein langer Freudentag. Frühstück, erschöpftes Ausruhen, das besondere Lieblingsmittagessen mit allen Kindheitserinnerungen. Am Nachmittag die ernsthaften Gespräche. Lemkin konnte seine Eltern nicht dazu überreden, ihren Heimatort zu verlassen, um über die neutralen Länder Litauen und Schweden in die USA auszuwandern. Sie weigerten sich, mit ihm zu ziehen. So verbrachte er noch einen weiteren, letzten Tag mit ihnen. In seiner Autobiografie schrieb Raphael Lemkin: „Ich versuchte, ein ganzes Jahr in diesem einen Tag zu leben, Zeit von der Zukunft zu borgen, die Seele meines Zuhauses aufzunehmen. Ich schaute ihre Gesichter intensiv an, gewissermaßen um sie meinem Gedächtnis so einzudrücken, dass sie dort für immer bleiben würden."[1] „Ich versuchte, ein ganzes Jahr in diesem einen Tag zu leben", die Fülle eines ganzen Lebensjahres in den einen Tag hineinzupressen. An diesem einen Tag wurde über jene Erinnerungen entschieden, von denen die Zukunft zehren würde.

Der Blick auf Gewohnheiten bringt eine neue Achtung vor einem Tag mit sich. Wir haben nur den heutigen Tag; der gestrige Tag ist vergangen und verloren; der morgige Tag ist noch nicht da und noch im Nebel; wenn wir unser Leben in die Hand nehmen und gestalten wollen, dann am heutigen Tag. Jetzt. 24 Stunden sind eine lange Zeit. Am Stadtrand von Le Mans wird seit 1923 das jährliche 24-Stunden-Rennen ausgetragen, in dem es darum geht, innerhalb eines Tages möglichst viele Runden zurückzulegen. Das Rennen zeigt, was zum Erstaunen vieler innerhalb von 24 Stunden möglich ist; das Rennen zeigt auch, dass die Vorbereitung auf einen besonderen Tag und auch der Beginn des besonderen Tages selbst entscheidend sind. Nicht nur, dass die Rennfahrer lange und penibel trainieren; 1925 wurde auch der „Le-Mans-Start" eingeführt, bei dem die Teilnehmer zu ihren Fahrzeugen rennen mussten, um die Wagen stehend zu starten. Le Mans erinnert auch immer wieder an die Weisheit: „Es sind nicht immer die Schnellsten, die das Rennen machen", da Ausdauer und Wachsamkeit bis zum Schluss entscheidend sind und nicht unbedingt die Geschwindigkeit auf der berühmten langen Geraden. So gewann Jacky Ickx das Rennen 1969, obwohl er demonstrativ langsam zu seinem Fahrzeug schritt. Ein langer Tag will gut geplant sein – und braucht einen guten Anfang. Wir werden noch sehen, dass der Anfang eines Tages mit Recht als Angelpunkt für Gewohnheitsveränderungen angesehen werden kann.

Gewohnheiten ermöglichen den Übergang von „Tag" zu „Alltag"; wenn sich bestimmte Gewohnheiten einstellen, kann aus einem Tag „Alltag" werden. Alltag ist das, was dem Leben Halt und Struktur gibt; Alltag ist die Gesamtheit der sich täglich wiederholenden Abläufe und der Inbegriff dessen, was wir als „gewöhnlich" ansehen. Damit ist der Begriff des Alltags widersprüchlich – er steht einerseits für das Vertraute, Kontinuierliche, andererseits für das routinemäßig Wiederholte, „Graue" des stets Gleichen.[2] Die Frage „Ist heute etwas Besonderes vorgefallen?" zielt auf Außeralltägliches hin. Die ungarische Soziologin Agnes Heller hat hingegen den Zusammenhang zwischen Alltag und Kreativität bzw. Fortschritt betont.[3] Heller war in ihrem Denken von der Überzeugung geleitet, dass die großen Leistungen einer Kultur aus Herausforderungen, Problemen, Konflikten und Bedürfnissen des täglichen Lebens herrühren. Wir bemühen uns im Leben darum, einen Alltag zu schaffen, eine „Lebenswelt" alltäglicher Lebenspraxis.[4] Wenn eine Patientin oder ein Patient längere Zeit im Krankenhaus verbringen muss, ist die Einrichtung von Alltag ein zentrales Element der Gestaltung des Aufenthalts.

Alltag und die Bewältigung des Alltags strukturieren unser Leben. Alltag hat mit Normalität, Erwartbarkeit, Vorhersagbarkeit, verlässlicher Wiederholung zu tun. Die Fähigkeit zur Bewältigung des Alltags wiederum sagt viel über seelische und soziale Gesundheit aus, über das Vermögen, das Leben mit seinen Anforderungen zu bewältigen. In der sozialen Welt gibt es das Phänomen der „erschöpften Familien"[5]; es handelt sich dabei um Konstellationen von Familien, die dem Alltag nicht mehr gewachsen sind: Eltern, die keine Post mehr öffnen, die Kinder nicht mehr in die Schule schicken, nicht mehr kochen, nicht mehr einkaufen ... In erschöpften Familien kann der Haushalt mit den anfallenden Rou-

tinearbeiten nicht mehr geführt werden. Die Routinen
haben sich erschöpft. Diese elementaren Aspekte der
Lebensbewältigung prägen unter normalen Umständen den Alltag. Gerade in einer entrhythmisierten Zeit,
die hohes Tempo und große Flexibilität abverlangt,
ist der Alltag auf vielfache Weise bedroht. Doch wenn
Alltag verloren geht, verschwindet die Sicherheit des
wiedererkennbaren und zuverlässigen Lebensvollzugs.
„Alltagsschwund" ist eine Strategie, mit der Menschen
unterdrückt werden können. Zeugnisse israelischer
Soldaten, die in den besetzten palästinensischen Gebieten arbeiteten, berichten von der Erosion des Alltags;
Willkürakte und Demütigungen, unberechenbares Vor-
gehen, unklare Regelungen tragen dazu bei, dass sich
Alltag nicht herausbilden kann. Beispielsweise wird der
Strom abgestellt, die Gemüsekisten eines Transporters
werden an einem Kontrollpunkt ausgeleert, Soldaten
reißen Menschen in der Nacht zu Kontrollzwecken aus
dem Schlaf ... Das führt zu enormem kollektivem Stress,
zum Niedergang von Normalität.[6] Es verwundert nicht,
dass Robert und Edward Skidelsky „Sicherheit" als ein
notwendiges Element eines guten Lebens beschrieben
haben[7]; „Sicherheit" wird dabei als die berechtigte Er-
wartung eines Menschen verstanden, dass das eigene
Leben weiterhin mehr oder weniger seinen gewohnten
Gang gehen wird ohne Störung durch Krieg, Verbre-
chen, Revolution oder größere gesellschaftliche und
wirtschaftliche Umbrüche. Wir könnten auch sagen: Si-

cherheit ist die Möglichkeit, Gewohnheiten zu etablieren und aufrechtzuerhalten. Das ist ein Grundelement eines guten Lebens. Gewohnheiten vermitteln wegen ihrer Gleichförmigkeit Stabilität und damit Sicherheit im Aufbau eines Alltags. „Alltagsfähigkeit" ist also Teil eines Lebens, das wir als „gelingend" und „gut" empfinden.

Wir bewältigen unser Leben unter anderem dadurch, dass wir an einem Alltag bauen. Dies geschieht durch Gewohnheiten: Die meisten Menschen haben gewohnheitsmäßige Routinen, die sie durch den Tag führen. Mason Currey hat in einem Buch diese „kleinen Rituale" von mehr als 160 berühmten Persönlichkeiten, Schriftstellerinnen und Künstlern, Musikern und Philosophinnen, Wissenschaftlerinnen und Politikern, zusammengetragen.[8] Eine tägliche Routine kann dazu beitragen, die eigene Produktivität und Kreativität zu steigern und Ablenkungen zu verhindern. Sie zu finden ist eine Kunst. Hier sind Experimente zur Gestaltung des eigenen Arbeitsrhythmus notwendig – wann und wo und wie kann ich am besten arbeiten? Ist Musik eine Unterstützung? Hilft es mir, wenn ich Tiere sehe, wie dies bei Gertrude Stein der Fall war, der man aus Gründen der Inspiration Kühe ins Blickfeld treiben musste? Die amerikanische Schriftstellerkollegin Sylvia Plath plagte sich bis zu ihrem Tod damit, eine für sich fruchtbare Tagesstruktur zu finden; ihr war klar, dass Regelmäßigkeit paradoxerweise Türen zur Kreativität öffnet. Und Philip Roth hat ein Gästecottage als Arbeitsraum, wo er nach dem Frühstück von 10 Uhr bis 18 Uhr arbeitet, mit einer einstündigen Mittagspause. Er hat diesen Ort und diesen Rhythmus als unterstützend erkannt.[9] Marcel Proust wiederum schrieb ausschließlich im Bett, den Kopf mit zwei Polstern abgestützt, was aufgrund der körperlichen Anstrengung immer wieder zu Schmerzen und Unbehagen führte.[10] Auch der österreichische Neurologe Viktor Frankl blieb nach dem Aufwachen und einer Tasse starken Kaffees, von Ehefrau Elly gebracht, noch liegen, um zu schreiben, die Korrespondenz zu erledigen oder sich Notizen zu machen, das Diktiergerät auf einem Stuhl neben seinem Bett.[11] William Faulkner arbeitete am besten am Vormittag, Sigmund Freud schrieb am liebsten nachts.[12] William Somerset Maugham veröffentlichte 78 Bücher, vor allem auch deswegen, weil er einer klaren Routine folgte, jeden Vormittag drei bis vier Stunden schrieb und sich auferlegt hatte, jeden Tag mindestens 1000 bis 1500 Wörter zu schreiben.[13] Der vor allem durch seine Kriminalromane bekannte Georges Simenon, der es auf 425 Bücher in seiner Laufbahn brachte, schrieb nie mehr als drei Stunden am Tag.[14] Er hatte sich eine Routine zurechtgelegt, die ihn nicht erschöpfte, ihm aber ein Maximum an Produktivität ermöglichte. Das ist wohl die Idee des guten Alltags.

Zusammenfassend: Gewohnheiten sind das Rückgrat von Alltag; Alltag ist eine Grundlage für ein ruhiges

Leben mit einem Gefühl von Sicherheit. Sicherheit ist die Möglichkeit, Gewohnheiten einüben und ausüben zu können. Dies geschieht durch bestimmte Routinen, die sich Menschen aneignen. Die etablierte Routine ist dann weniger eine Haltung schaffende Gewohnheit als eine Gewohnheit, die einen Rahmen bereitstellt.[15] Dieser Rahmen soll so beschaffen sein, dass produktives und kreatives Schaffen ohne Erschöpfung möglich sind. Wenn der Rahmen das Leben einengt und beschwert aufgrund von Bequemlichkeit, drängt sich der Satz auf: „Ich muss mein Leben ändern."

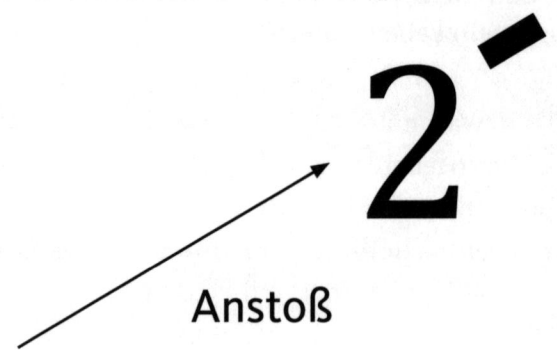

2´

Anstoß

Der Satz „Ich bleib so scheiße, wie ich bin"[16] steht in eigenartigem Gegensatz zu Ronald Dworkins Überlegung, dass wir eine Pflicht haben, aus unserem Leben etwas zu machen. Das sei ein absoluter Wert. Das Leben sei einem Kunstwerk vergleichbar, das es zu gestalten gelte, eingedenk der Begrenztheit des Lebens.[17] Es gebiete der Selbstrespekt, so Dworkin, das eigene Leben authentisch zu leben, das heißt, jenen „Stil" zu finden, jene Lebensform, die das ausdrücken, was einem wichtig ist – und nicht einfach gewohnheitsmäßig Konventionen zu folgen.[18] An einem authentisch gelebten Leben zeigt sich auch, ob man sich selbst ernst nimmt. Ich möchte das, was mir wichtig ist, in meinem Leben ausdrücken und so leben, dass ich mit dem, was mir wichtig ist, verbunden bin. Das würde dann darauf hinauslaufen, das Leben nicht einfach Tag für Tag verplätschern zu lassen, sondern an sich und am Leben zu arbeiten. Dann steht das Leben dauerhaft unter dem Motto „Du sollst dein Leben ändern". Das kann natürlich eine Form von Stress erzeugen, die man braucht wie ein zusätzliches Loch im Kopf. Das kann zu „Sinnstress" führen, dem Druck, ein sinnvolles Leben haben zu müssen, ähnlich wie es „Glücksstress" gibt, den Druck, glücklich sein zu müssen. Gretchen Rubin hat in einem bekannten „Glücksprojekt" („Happiness Project") wissenschaftlich fundierte Ideen zur Steigerung des Lebensglücks getestet – Zeit, mit Freundinnen und Freunden zu verbringen, die Bewegungsgewohnheiten umzustellen, aufzuräumen, Bücher zu lesen, gute Gedanken zu nähren ...[19] Eine Erfahrung dieses Projekts lautet: Man kann an seinem Glück arbeiten; eine andere: Im Grunde kann man Glück nicht suchen, nur finden. Ähnlich mag es sich mit dem Sinnstress und dem Druck, ein sinnvolles Leben führen zu müssen, verhalten. Analog zu Gretchen Rubins Glücksprojekt kann man sich ein sinnstiftendes Projekt überlegen, in dem ausgesetzte Hunde adoptiert, einsame Menschen besucht, eine Hilfsaktion für ein bürgerkriegsgeschütteltes Land gestartet, Bäume gepflanzt und die nächsten drei geplanten Bücher nicht geschrieben werden. Auch hier könnte sich zeigen: Man kann seinem Leben eine Form, auch eine sinnstiftende Form geben, aber eben nur bis zu einem gewissen Punkt. Dieser Punkt berührt das, was man „Zufall", „das Unplanbare", „Preis der menschlichen Verletzbarkeit" oder auch „Gnade" heißen könnte. Eine Lebensform ist stets auch „offen". Das schränkt den Geltungsanspruch von Gewohnheitsveränderungen ein.

Dennoch bietet eine Lebensform die Möglichkeit einer klaren und konsequenten Veränderung. Eine Lebensform ist ein über die schillernden Veränderungen von Situationen hinausgehender stabiler Rahmen, der vor allem von Gewohnheiten bestimmt wird. Gewohnheiten geben dem Leben „Form". Mitunter sind wir in dieser Form geborgen, dann wieder gefangen wie in einer schützenden, aber auch die Flucht verhindernden Festung. Es bedarf eines Anstoßes, um daran zu denken, an dieser Form etwas zu verändern. Dies war die Erfahrung des jungen Nordkoreaners Shin Dong-hyuk, der 1982 in einem nordkoreanischen Gulag (Lager 14) als Sohn von zwei Häftlingen geboren wurde und dem im Alter von 23 Jahren die Flucht gelang.[20] Shin hatte seit seiner Geburt nie etwas anderes als das Lagerleben mit seiner Willkürherrschaft, Nahrungsmittelknappheit und einem System gegenseitiger Denunzierung gekannt. Shin konnte sich kein Bild von der Welt außerhalb des Lagers erarbeiten, die Schüler in der Lagerschule wurden nicht über die geografische Lage des Landes oder der Nachbarstaaten informiert. Er wusste nicht einmal, dass es ein Leben außerhalb Nordkoreas gab und dass manchen Menschen die Flucht aus dem Lager gelungen war. Der Anstoß zu diesem Umdenken erfolgte durch seine Begegnung mit dem gebildeten Häftling Park, der ihm erstmals die Idee eines anderen Lebens, eines Lebens außerhalb des Lagers, vermittelte. Durch Park veränderte Shin nicht nur seinen Blick auf das Leben, sondern auch seine Lebensgewohnheiten; Park bemühte sich beispielsweise um „eine würdevolle Haltung, insbesondere wenn Essenszeit war".[21] So wurde Shin ein Anstoß gegeben, sein Leben zu verändern, tief greifend zu verändern. Er begann auf neue Weise über sich und sein Leben nachzudenken, Denkgewohnheiten veränderten sich. „Freiheit war in Shins Vorstellung einfach ein anderes Wort für gegrilltes Fleisch"[22]; das sollte sich nun ändern, das Wort „Freiheit" bekam einen anderen Klang, eine Tiefe und Ernsthaftigkeit. Der Anstoß für ein verändertes Nachdenken über das Leben und damit für den Entschluss zur Lebensveränderung, zur Veränderung der Lebensform, war in Shins Fall die Begegnung mit einem Menschen, der ihm eine andere Welt eröffnete.

In meinem Fall war der Anstoß für das Ringen um eine Lebensveränderung ein zufällig entdeckter Brief: Habe ich den Brief wirklich gefunden? Ich habe eines Abends meinen Schreibtisch aufgeräumt, routinemäßig. Vertraute Zettelstöße, Abrechnungen, das Buch aus der Bibliothek, das zurückgegeben werden muss, die unerledigte Post, die korrigierten Prüfungsarbeiten mit den Rückmeldungsbögen, Formulare und so weiter. Wie immer. Handgriff für Handgriff, nichts Überraschendes. Dann ein kleiner, harmloser Zwischenfall – ein Blatt Papier (genau gesagt, eine Bestätigung für das Finanzamt) flatterte davon und fiel in die unterste Schreibtischschublade, die ich zuvor geöffnet hatte; ich wühlte herum und fand nicht nur besagtes Blatt, sondern auch einen recht alten, ungeöffneten Brief, auf dem „Clemens Sedmak" stand. Die Handschrift war irgendwie vertraut, ich konnte sie aber nicht zuordnen. Ich öffnete den Umschlag, nahm das Blatt, das darin lag, heraus, und dann fiel mir die „Vereinbarung mit mir selbst" wieder ein. Der Brief war vor 22 Jahren geschrieben worden und lautete:

Lieber Clemens! Es ist mir nicht klar, wem ich diesen Brief schreibe, natürlich mir selbst; aber was heißt das?

Ich bin jetzt 20 Jahre alt, und wenn Du diesen Brief liest, bist Du, so ist es ausgemacht, 42 Jahre alt, falls Du bis dahin noch am Leben bist. Oder anders gesagt: Wenn ich diesen Brief wieder lese, ist es 22 Jahre her, seit ich diesen Brief geschrieben habe. Ich will nicht lange um den hoffentlich heißen Brei herumreden, sondern komme gleich zum Punkt: Wo stehst Du im Leben? Bist Du beruflich und privat fest verankert? Ich würde schon hoffen, dass Du ein Studium abgeschlossen und einen Beruf gefunden hast, es würde mich freuen, wenn Du Familie hast. Hast Du einen Alltag? Wie sieht er aus? Welche Gewohnheiten hast Du Dir angeeignet, was ist Dir, um mit Aristoteles zu sprechen, zur zweiten Natur geworden? Wie stehst Du jetzt da? Vielleicht in einem Leben mit eingefleischten bürgerlichen Gewohnheiten, einem Wohlstandsbauch, beginnendem Haarausfall, ungesunden Ess- und Bewegungsgewohnheiten? Ein Leben in Bequemlichkeit? Was ist aus Deinen Idealen geworden? Die Ideale, die Du als 20-jähriger Mann hattest? Ich darf Dich erinnern: Das Ideal, die Welt zu einem besseren Ort zu machen und glaubwürdig zu leben; das Ideal, jeden Tag, so wie es Gandhi gesehen hat, als einen entscheidenden Schritt in die richtige Richtung zu sehen und zu nutzen, also die Tage nicht einfach zu verplempern? Das Ideal, nach einem guten Leben zu suchen, das mit Aufrichtigkeit und Ernsthaftigkeit gelebt werden kann? Kurz, ein Leben in Redlichkeit, in Integrität. Wo stehst Du da? Kannst Du Deinen Kindern in die Augen schauen? Viele Fragen, aber eigentlich ist es

nur eine einzige: Lebst Du ein integres Leben? Ich hof-
fe, Du enttäuschst den Autor dieses Briefes nicht – also
Dich selbst. Wenn Du aber dermaßen in einer Routine des
Denkens und Empfindens eingefroren bist, dass Dich die
Abkehr von Deinen einstigen Idealen nicht einmal mehr
enttäuscht, so tut mir das so leid, dass ich froh bin, Dir
nicht begegnen zu müssen. Oder muss ich das? Sind wir
siamesische Zwillinge, aneinandergebunden, ja anein-
andergekettet? Ich habe jedenfalls die Grundlage für die
genannten Ideale gelegt. Ich hoffe, Du hast sie nicht ver-
spielt. Leb wohl, also: Lebe redlich! Clemens

Ein eigenartiger Brief, nicht wahr? Nun konnte ich
mich wieder erinnern. An meinem 20. Geburtstag hatte
ich es mir zum Ziel gesetzt, mein Leben in die Hand zu
nehmen und mir selbst treu zu bleiben. Wenn du 20 Jahre alt bist, bist du manchmal feierlich gestimmt: Ich und
mein Leben – wie wollen wir diese Beziehung fruchtbar
gestalten? Oder auch: Mein einzigartiges Leben angesichts des offenen Horizonts – was kann das noch alles
werden? Wenn du 20 Jahre alt bist, ist der 42. Geburtstag weit weg. Sehr weit weg. Man lebt mit der leisen Ah-
nung, dass der 42. Geburtstag der Tag im Leben eines
anderen Menschen in einem anderen Land ist. Man ist
umgeben von Menschen, die den 40. Geburtstag hinter
sich gelassen haben, und denkt sich mit Blick auf deren Lebensgewohnheiten wohl: „So nicht!" Wäre ich
an meinem 20. Geburtstag mir selbst im Alter von 42
begegnet, es wäre für den 20-Jährigen die Begegnung

mit einem Fremden gewesen. Das ist übrigens ein interessantes Gedankenexperiment: Stell dir vor, du erwachst und hast 22 Jahre deines Lebens verschlafen, das ohne dich weitergelaufen ist. Du stehst dir nach 22 Jahren als fremder Person mit ihren Gewohnheiten und all dem, was für sie selbstverständlich geworden ist, gegenüber. Vielleicht bist du dir richtig unsympathisch geworden; vielleicht fragst du dich, warum dein Bruder nicht mehr mit dir spricht oder warum du deine Freunde von damals nicht mehr kennst – oder sie dich nicht mehr kennen wollen.

Jedenfalls hatte ich Glück – ein Schelm, der hier an Zufall glaubt –, diesen Brief nach 22 Jahren gefunden zu haben, den Brief, den ich schon längst vergessen hatte. Ich weiß nicht mehr genau, warum gerade der 42. Geburtstag ein Stichtag für mich war, gewissermaßen die Aufforderung zu einer Inventur. Ich glaube nicht, dass es damit zu tun hatte, dass Elvis Presley mit 42 Jahren verstarb. Oder auch der dänische Philosoph Søren Kierkegaard, dessen Leben im Jahr 1855 im Alter von 42 endete. Möglicherweise hatte ich gelesen, dass das Durchschnittsalter der Philosophinnen und Philosophen, wenn sie ihr wichtigstes Werk vollendeten, 42 war. Das scheint mir plausibel. Vielleicht war ich auch von Douglas Adams' Buch „Per Anhalter durch die Galaxis" („The Hitchhiker's Guide to the Galaxy") beeindruckt gewesen, das auf die Frage nach dem Leben, dem Universum und dem ganzen Rest („life, the universe and everything") die Antwort „42" präsentierte. Das halte ich aber eigentlich für unwahrscheinlich. Jedenfalls konnte ich mich nun wieder an die Situation erinnern: Ich hatte am Schreibtisch in meinem Zimmer im Haus meiner Eltern gesessen, Semesterferien, war an meinem Geburtstag früh aufgestanden, befand mich in einer feierlichen und mich selbst sehr wichtig nehmenden Stimmung und schrieb den Brief in einem Zuge nieder. Danach ging ich an jenem Augusttag zu meinem damaligen Lieblingsplatz, den Felsen am Fluss, mit zukunftsträchtigen Gedanken beschäftigt. Lange her.

Der Brief hat mich wirklich aufgewühlt; er brachte viele Erinnerungen zurück, an meine Lebenssituation vor mehr als zwei Jahrzehnten. An den Vorsatz, nicht auf eingetretenen Pfaden zu gehen und träge Selbstverständlichkeiten sich nicht einschleifen zu lassen. Ich verbrachte den Rest des Abends in einem Zustand der Abwesenheit, ging zu Bett, konnte dann länger nicht einschlafen, musste immer wieder an diesen Brief denken. Mittlerweile hatte ich Robert Nozicks Buch über das geprüfte Leben gelesen, in dem er als 50-jähriger Philosoph über die großen Fragen des Lebens nachdenkt, auch über seine Jugendideale. Er schreibt einen kurzen, zwei Seiten langen Text mit dem an James Joyce angelehnten Titel „Porträt des Philosophen als junger Mann"[23] und berichtet davon, wie er als 15-Jähriger ein Exemplar von Platos Buch „Der Staat" mit sich herumtrug und hoffte, dass ihn jemand damit entdecken und von ihm beeindruckt sein würde. Als 50-jähriger Mann blickte Nozick auf diese Szene zurück und fragte sich, ob der junge Mann von damals nicht insgeheim die Anerkennung des erwachsenen Robert Nozick gesucht hatte. Wir suchen, so überlegt sich Nozick, die Anerkennung unserer Eltern, und danach bemühen wir uns, für uns selbst, so wie wir waren, eine Elternrolle zu übernehmen; damit werde Reife greifbar.[24] Nozick schrieb also gewissermaßen als 50-jähriger erfolgreicher Philosoph einen Brief an sein 15-jähriges Ich; ich fand einen Brief des 20-jährigen Ich an mein 42-jähriges Ich vor. Nozick schenkte seinem 15-jährigen Vorgänger Anerkennung; in meinen Fall war es das Ringen darum, vor den hypothetischen Augen des 20-Jährigen zu bestehen.

Was also war aus mir und meinen Idealen geworden? Ich musste ja zugeben, dass der Autor des Briefes nicht ganz unrecht hatte; ich hatte es mir in meinem Leben eingerichtet, „wohnlich" gemacht, bequem, folgte einer gewissen Routine, hatte gewisse ungesunde Gewohnheiten und Angewohnheiten. Kein Wunder, dass Eltern ihren Kindern mitunter peinlich sind; ich wäre mir selbst wohl auch peinlich gewesen, zeitversetzt sozusagen.

Wie glaubwürdig war mein Leben? Gandhi hatte sein Leben, so glaube ich mich zu erinnern, mit 37 Jahren radikal umgestellt, jede Gewohnheit geprüft, jeden Bereich seines Lebens hinterfragt, in jedem Lebensaspekt – Ernährung, Erziehung, politisches Engagement, Lektüre, Handarbeit, Ehe, medizinische Behandlung – die Wahrheit zu finden sich bemüht. Er hatte, wie er schrieb, systematisch versucht, „mit der Wahrheit" zu experimentieren, mit all seinen Lebensgewohnheiten.[25] Gandhi beschreibt etwa, wie er es sich angewöhnt hatte, selbst die Wäsche zu waschen, motiviert durch die Suche nach einem einfachen Leben, die hohe Wäschereirechnung und die unerwünschte Abhängigkeit vom Personal in der Wäscherei; er besorgte sich ein einschlägiges Buch, Ausrüstung, und nach mehreren missglückten Versuchen entdeckte er die Schönheiten des Selberwaschens.[26] So veränderte er Schritt für Schritt die sein Leben prägenden Gewohnheiten.

Wenn man ein gewisses Alter erreicht hat, erkennt man, dass man, ohne es eigentlich zu wollen, eine bestimmte Person und Persönlichkeit geworden ist.[27] Ingeborg Bachmann beschreibt dieses Lebensgefühl in ihrer 1961 erschienenen Erzählung „Das dreißigste Jahr". Man erkennt, dass die Zeit, die, in der man glauben mochte, „alles" werden zu können, vorbei ist; der Vorhang hebt sich, man bekommt sein Stichwort und muss zeigen, was man wirklich denkt und wozu man wirklich fähig ist. Hier kann sich auch das Gefühl einstellen, in einer Falle zu sitzen.

Saß ich schon in der Falle? In der Falle von Gewohnheiten und Lebensbahnen, die wie Schienen vorgegeben und fix eingestellt waren? Viele Gedanken, die mich beschäftigten. Der Brief ließ mich nicht mehr los, arbeitete in mir, erzwang Gefühle von Beschämung ob des Selbstverrats und stellte schließlich den Satz in den Raum, der am Anfang eines Arbeitens an Gewohnheiten steht: „Du sollst dein Leben ändern."[28]

Ein Pullover, ein Buch und Dominosteine

→ **3** -

Das Leben ist ja doch auch so wie ein gestrickter Pullover – wenn man an einem Faden zieht, löst sich vieles auf. Zugleich ist das Leben wie ein Buch, bildet einen Text, ein Gewebe („textum"), bei dem die einzelnen Teile miteinander verbunden sind. Wenn du in einem Buch auch nur konsequent ein Wort herausnimmst, ändert sich oftmals der Charakter des ganzen Textes – ein Buch, das beispielsweise ohne das Wort „aber" auskommt. Du änderst eine Kleinigkeit, allerdings immer wieder und ohne Ausnahme, und das Ganze wird neu. Paul, ein Südtiroler Volksschullehrer, hatte einmal am Anfang eines Schuljahres gemeinsam mit den Kindern den Klassenraum zur „Nichtraunzerzone" erklärt, zu einer Zone, in der es kein Gejammere und keine bequemlichkeitsbedingten Beschwerden geben würde. Dadurch, dass diese Gewohnheit des Sich-Beklagens eingedämmt wurde, stand das ganze Schuljahr unter einem anderen Vorzeichen. Zieh an einem Lebensfaden, und vieles kommt in Bewegung! Leo Hickman kann hier als bekanntes Beispiel dienen.[29]

Hickman, ein englischer Journalist, der zum Zeitpunkt seines Experiments mit seiner Familie in London ein Leben der Mittelklasse führte, wollte sein Leben umstellen. Er hatte das vage Gefühl, eigentlich anders leben zu müssen. Er litt am „Zuckererbsenmoment", dem „Schuldgefühl, das einem sagt, man tue etwas Schlechtes, wenn man eine kleine Packung Zuckererbsen kauft".[30] Hickman wollte seine Gewohnheiten umstellen, wusste aber nicht recht, wo er anfangen sollte; so lud er zwei Experten und eine Expertin, die mit ethisch verantwortlichem Konsum und Umweltschutzfragen vertraut waren, zu sich ein. Sie durchstöberten seinen Kühlschrank, seine Mülltonne und seinen Badezimmerschrank, befragten ihn genau über seine Lebensgewohnheiten und unterbreiteten ihm schließlich einen Vorschlag: Fang bei Müll, Ernährung, Chemikalien, Transport an. Mülltonne, Kühlschrank und der Schrank mit den Reinigungsmitteln werden gemeinsam mit der Frage der Fortbewegung zu den Schlüsseln einer Lebensveränderung. Der erste Schritt zieht bald einen zweiten und einen dritten nach sich; veränderte Reisegewohnheiten führen zu veränderten Arbeitsgewohnheiten (Kann ich von zu Hause aus arbeiten?), veränderten Urlaubsgewohnheiten (Mit dem Zug von England nach Italien fahren!) und auch zu veränderten Beziehungsstrukturen (Hickmans Frau war bei der Ankunft in Italien so entnervt, dass sie einen klimatisierten Mietwagen orderte). Durch die Umstellung von Lebensgewohnheiten stellte sich bei Hickman eine verschärfte Achtsamkeit ein, die ihn andere Gewohnheiten – etwa die übliche Höhe und Regelung der Raumtemperatur – infrage stellen ließ. So drehte er kurzerhand im Winter die Heizung herunter: „Schließlich konnte ich auch einfach einen Pullover mehr anziehen, wie meine Großmutter zu sagen pflegte."[31]

Das Leben bildet ein gestricktes Ganzes, und wenn man an einem Faden zieht, gerät vieles in Bewegung.

Entscheidend ist der erste Schritt, sozusagen die Phase, in der man an einem Faden zu ziehen beginnt. Hickman erlebte den ersten Schritt seines Experiments als „Verhör" und „Inventur": Die beiden Experten und die Expertin drangen in seine Privatsphäre ein, um sich ein Bild von seinem „Lebenspullover" zu machen. Einige Jahre nach seinem Experiment beschrieb Hickman diesen Beginn seiner Lebensgewohnheitsumstellung mit drastischen Worten: „Wir öffneten ihnen die Tür, luden sie ein, Platz zu nehmen, servierten ein Mittagessen, führten sie durch unser Haus, und dann verbrachten sie drei Stunden damit, überall im Haus herumzuschnüffeln. Sie gingen in unser Badezimmer, öffneten alle Schränke und Kästchen, schauten auf alle Medikamente und deren Verpackungen, auf unser Shampoo, auf alles. Dann marschierten sie in die Küche, öffneten den Kühlschrank, schauten hinein, dann nahmen sie alle Lebensmittel heraus, prüften alle Etiketten und die Verpackungen, alles. Dann setzten sie sich zu uns ins Wohnzimmer und erkundigten sich nach unserem letzten Urlaub, nach unseren Transportmitteln, danach, wo wir unsere Kleidung kaufen, nach allem. Sie haben uns wirklich geprüft. Am Ende wollten meine Frau und ich sie fast schon ins Gesicht schlagen und sie aus dem Haus werfen."[32]

Hinter dieser Erfahrung steht die Einsicht, dass Lebensgewohnheiten ein Muster bilden, voneinander abhängig sind – die Arbeitsgewohnheiten (Arbeit außer

Haus) hängen mit den Verpflegungsgewohnheiten (Mittagessen in der Kantine) und den Transportgewohnheiten (Pendeln mit dem Zug) zusammen, die Transportgewohnheiten mit den Lesegewohnheiten (die Zeitung im Zug), die Lesegewohnheiten mit den Gesprächsgewohnheiten (Small Talk über den Zeitungsartikel) und so weiter. Das Leben ist wie ein Pullover; das Leben ist aber auch wie ein Dominospiel: Du baust dein Leben mit vielen Dominosteinen auf, und wenn ein Stein umfällt, gerät vieles in Bewegung. Wenn du viele Termine hast und zum ersten Termin zu spät kommst, wird sich die Verspätung den ganzen Tag hindurch fortsetzen; wenn du den doppelten Espresso nach dem Aufstehen nicht bekommst, könnte es sein, dass du den ganzen Tag Kopfschmerzen hast; eine spitze Bemerkung kann dich einen ganzen Tag beschäftigen. Das ist ein Dominoeffekt. Du kannst auch aktiv versuchen, diesen Dominoeffekt auszulösen. Der deutsche Hirnforscher Wolf Singer berichtet in einem Interview, dass eine zehntägige Zen-Übungsperiode („Sesshin": Schweigen, keinerlei äußere Reize, stundenlanges Sitzen vor der Wand, konzentriert auf die Haltung, die Atmung, den gegenwärtigen Moment) einige Veränderungen in seinem Leben herbeiführte: „Ich hatte es hier am Institut niemand erzählt. Aber Mitarbeiter haben mich später bei der Weihnachtsfeier gefragt, wo ich denn den Sommer verbracht hätte. Ich sei so anders gewesen, so ruhig. Ich habe auch selbst bemerkt, dass nach dem Sesshin manches anders war. Plötzlich fuhr ich auf der rechten Spur der Autobahn, brauchte kein Radio und war eigentlich ganz glücklich mit mir. Und im Institut habe ich versucht, dieses pathologische Tasksharing, bei dem man fünf Dinge gleichzeitig tut, zu durchbrechen.“[33] Hier zeigen sich Aspekte eines Dominoeffekts (ich verschweige schamhaft, dass Wolf Singer im selben Interview zugegeben hat, dass der Effekt nicht lange angehalten und der Druck des Alltags die alten Gewohnheiten wieder hervorgebracht hat).

Der Dominoeffekt basiert darauf, dass verschiedene Lebensbereiche auf eine ganz bestimmte Konstellation angewiesen sind, um in der bekannten Form bestehen zu bleiben; wenn sich ein Element in dieser Figuration verändert, führt eines zum anderen. Der Anstoß zu einer Veränderung kann klein sein. Der sibirische Priester Mikhail Chevalkov, ein Missionar der russisch-orthodoxen Kirche, berichtet, wie er im Alter von neun Jahren durch seinen Freund Yakov dazu gebracht wurde, über eine einfache Gewohnheit nachzudenken. Yakov betete immer vor dem Essen und nach dem Essen – um den Segen bittend und Gott für das Mahl dankend. „Als ich das sah, dachte ich mir, wie gottgefällig diese Gewohnheit doch sei, und wurde unzufrieden mit meinen eigenen Umgangsformen und sagte zu mir: ‚Wenn du essen willst, bittest du nicht um Gottes Segen, und wenn du dich satt gegessen hast, dankst du Gott nicht, sondern verschwindest wie ein Hund.‘“[34] Der beschämte Blick auf die Gewohnheit eines Freundes gab hier den Anstoß, das eigene Leben zu verändern – mit einem kleinen Schritt. Und dieser kleine Schritt war der Anfang eines weiten Weges, der Mikhail Chevalkov aus schamanistischem Elternhause zum Priestertum führte. Die Gewohnheit eines Tischgebets kann weitere Veränderungen in Gang setzen, zu einer Einstellungsveränderung führen, eine „Sehnsucht nach mehr" entfachen.

Christoph unterzog sich einem 30-Tage-Experiment und bemühte sich, nach dem Vorbild Leo Hickmans sein Wegwerfverhalten zu ändern. Er wollte erstens sein Gewohnheiten prüfen („Inventur"), zweitens abfallbezogene Gewohnheiten verändern (Müll reduzieren) und drittens die Auswirkungen auf das weitere Geflecht von Gewohnheiten beobachten. Dabei stellte er fest, wie viel er selbstverständlich, ohne nachzudenken und sich später daran zu erinnern, entsorgte. Er konnte nach einem Mittagessen in der Kantine abends nicht mehr sagen, wie viel Müll durch sein Mittagessen angefallen war, welches Verpackungsmaterial (Getränkeflasche, Getränkedose, Ketchup- oder Mayonnaisesäckchen, Kekspackungen) er auf seinem Tablett angehäuft hatte. *„Viele Gewohnheiten sind so selbstverständlich, machen das Selbstverständliche aus, ich nehme sie gar nicht mehr wahr."* Er begann sich für Fragen rund um Müll und Abfall zu interessieren und fand bei einer Bekannten, die in den 1970er-Jahren auf einem Bauernhof aufgewachsen war, heraus, dass dort der Müll alle sechs bis acht Wochen abgeholt worden war und so gut wie keine „Sackerl" oder „Tüten" ins Haus gebracht wurden; er merkte als Vater von drei Kindern, wie bestimmte Familienrituale (im Sommer abends zum Strandbad gehen und ein Eis kaufen) zur Produktion von Müll führten, wie sehr eine Kindergeburtstagsfeier unter die Überschrift „Unnötige Produktion von Abfall" fallen konnte. Überhaupt führen, so die Erfahrung, liebevoll gestaltete Beziehungen zu größeren Müllmengen (Geschenke werden möglichst aufwendig verpackt).

Er gewöhnte sich an, am Ende eines Tages eine „Müllbilanz" zu ziehen, wie eine Gewissenserforschung. Er dachte über persönlichkeitsbezogene Aspekte seiner Erfahrung nach: *„Ich bin gerne großzügig, empfinde den Druck, Müll zu reduzieren, auch als ‚kleinlich' und ‚geizig.'"* Christoph wollte bei einer Abendeinladung wie immer großzügig sein, kaufte (wie so oft) zu viel ein, was nicht nur zu einem Mehr an Müll führte, sondern auch dazu, dass Lebensmittel im Abfall landeten. *„Nichts ist peinlicher, als wenn ich den Gästen nichts mehr anbieten kann; da nehme ich auch Lebensmittel im Müll in Kauf."* Das Müllexperiment hatte in manchen Bereichen durchaus einen Dominoeffekt: Christoph berichtet, wie sich seine Gesprächsthemen veränderten. *„Ich spreche gerne mit Bekannten und Kollegen über Fragen der Abfallvermeidung und Müllproduktion. Die meisten haben Verständnis für die Wichtigkeit des Themas, manche haben sogar*

gute Ideen. Jedenfalls stellt sich bald eine andere, ‚tiefe'
Gesprächsebene ein.“ Natürlich veränderten sich auch
seine Einkaufsgewohnheiten. *„Ich achte nun mit schon*
gezieltem und geschultem Blick auf die Frage nach dem
‚Ende' eines Produkts: Wie werde ich dich wieder los, wie
kann ich dich entsorgen?“ Entsprechend gewöhnte er
sich an, im Auto ein Reservoir an Taschen und Körben
anzulegen und so Umverpackungen zu reduzieren. Der
„Ab Hof“-Einkauf wurde auch aus müllethischen Gründen zu einer regelmäßigen Erfahrung. Dazu kam eine
Irritation durch einen Film: *„Der Film ‚Plastic Planet'*
und das zugehörige Buch haben mich erschüttert. Nun
kam zu dem Müllvermeidungswunsch das Anliegen dazu,
möglichst wenig Plastikverpackungen zu kaufen. In ei-
ner Familie ist das aber nicht einfach, denn bei uns ist
eine Lieblingsspeise Fruchtjoghurt. Auch Mineralwasser
bekommt man viel leichter in Plastikflaschen. Da muss
man sich schon bemühen.“ Die Anstrengung sollte alltagstauglich sein, darf aber gleichzeitig die Intensität
der dahinterstehenden Motivation widerspiegeln. *„Oft*
erlebe ich die penible Mülltrennung als mühsam und an-
strengend, dennoch bin ich überzeugt, dass es sich lohnt.
Ich möchte meinen Kindern gegenüber verantwortungs-
bewusst auftreten können, wenn sich weltweit das Müll-
problem noch verschärft. Es ist mir die Arbeit wert. Die
Joghurtbecher werden konsequent ‚zerlegt', die Karton-
hüllen zum Papiermüll gegeben, die Metalldeckel und
Becher gewaschen und getrennt. Mittlerweile ist das eine

gute Gewohnheit geworden – selbstverständlich: Das macht man so und nicht anders."

Der Satz „Das macht man so und nicht anders" zeigt den Wert ebenso wie die Gefahr, die von der Gewohnheitsbildung ausgeht. Die Eintrittsstellen von Fragwürdigkeit werden durch Gewohnheitsbildung reduziert, wobei man an Christophs Beispiel auch sehen kann, dass Gewohnheitsbildung jenseits der Fragwürdigkeit mitunter auf der Basis ausdrücklichen und tiefen Nachfragens beruht, das etablierte Gewohnheiten ablöst. Auch in der Erziehung setzte Christoph bestimmte Akzente, diskutierte mit den Kindern über die verpackungsträchtige gekaufte Schuljause und wirkte im Appell an die Müllvermeidungsambitionen der Kinder aufgrund der eigenen Anstrengung glaubwürdig. *„Die Kinder sehen, wie ich mich bemühe, das hilft, gibt mir eine gewisse Autorität in Müllfragen."* Diese Autorität wurde auch dadurch gestärkt, dass er seine Lese- und Informationsgewohnheiten veränderte und sich für das Thema Müll zu interessieren begann. Christoph las Ivan Klímas Roman „Liebe und Müll", informierte sich, durchstöberte das Internet, arbeitete Studien zum Thema Nachhaltigkeit durch. So konnte er am Ende seines Experiments sagen: *„Eine gewisse ‚Unschuld' in Fragen des Mülls ist unwiederbringlich dahin; es ist ein wenig wie eine Vertreibung aus dem Paradies eines Nichtwissens; ich werde mein Leben nun weiterhin verändern, an der Gewohnheit des Müllvermeidens festhalten und die*

sich daraus ergebenden Wirkungen auf andere Gewohn-
heitslandschaften verfolgen."

Der Dominoeffekt führte in diesem Fall von einem veränderten Wegwerfverhalten zu einer Veränderung der Gesprächsgewohnheiten, Einkaufsgewohnheiten, Erziehungsgewohnheiten, Lesegewohnheiten – gerade weil das Leben eine Einheit bildet und nicht in voneinander unabhängige Segmente zerfällt, da es doch eine Person ist, die durch die verschiedenen Räume ihres Lebenshauses geht und entsprechend, um im Bild zu bleiben, Schmutz von einem Zimmer in das andere trägt. Pullovereffekt und Dominoeffekt sind Gedanken, die hinter der Idee stehen, an einem Tag eine einzige Gewohnheit zu verändern. Kleinigkeiten können einen ungeheuren Effekt haben. Die damals neunjährige Martha Payne aus Schottland hatte es sich beispielsweise zur Gewohnheit gemacht, einen Blog über das Schulessen zu schreiben, jeweils ein Foto von ihrem gefüllten Teller zu machen und zu kommentieren. Mehr als acht Millionen Mal wurde ihr Blog gelesen. Martha Payne hat die Landschaft der Schulmahlzeiten verändert, auf einen wichtigen Aspekt des Schulsystems aufmerksam gemacht und dabei auch Geld für eine NGO, Mary's Meals, gesammelt, eine Organisation, die Kindern in Afrika Schulmahlzeiten finanziert.[35] Eine kleine Veränderung, konsequent durchgeführt – eben: zur Gewohnheit verfestigt –, kann viele Veränderungen nach sich ziehen. Kleine Veränderungen können, wenn konsequent und von vielen durchgeführt, merkliche Wirkungen erzielen. Leo Hickman hatte im Zuge seines Lebensexperiments die Londoner Müllabfuhr bis zur letzten Ruhestätte des Abfalls begleitet und bemerkt: „Am schlimmsten sind die Leute, die ihre Mülltüten nicht zubinden ... Sie werfen sie einfach offen in ihre Mülltonnen, und wenn wir kommen, fällt der Müll heraus, und wir können sauber machen. Gerade so eine Kleinigkeit – das dauert doch nun wirklich nicht lange – macht für uns einen Riesenunterschied. Aber vielen Leuten fällt das im Traum nicht ein."[36] Wieder findet sich hier der Hinweis, dass wir es mit einer selbstverständlich gewordenen und deswegen auch nicht mehr bemerkten Gewohnheit zu tun haben; eine kleine Drehung an einer kleinen Schraube kann hier vieles bewirken. Ein Ordensoberer beispielsweise veränderte die Sitzordnung im Speisesaal, führte statt einer großen U-förmigen Tafel viele kleine Tischgruppen ein; dadurch veränderte sich nicht nur die Stimmung im Raum, sondern auch das Kommunikationsverhalten. Papst Franziskus zog auch nach der Fertigstellung der päpstlichen Wohnung im Apostolischen Palast nicht aus dem Gästehaus des Vatikan, der Casa Santa Marta, aus und teilt die Mahlzeiten mit all denjenigen, die im Haus wohnen. Eine Veränderung von großer Tragweite, nicht nur was die Person, sondern auch was das Amtsverständnis des Papstes angeht.

Der amerikanische Therapeut Steve de Shazer gilt als Begründer der Kurzzeittherapie („solution focussed therapy"); auf Basis kleiner Schritte sollen komplexe Probleme gelöst werden. Shazer hat die berühmte „Wunderfrage" („miracle question") entwickelt: Stell dir vor, dass ein Wunder geschieht, während du des Nachts schläfst. Da du geschlafen hast, weißt du nicht, dass das Wunder bereits geschehen ist. Was würde anders sein, wenn du am Morgen aufwachst, sodass du weißt, dass das Wunder wirklich stattgefunden hat?[37] Steve de Shazer glaubte an die große Wirkung kleiner Veränderungen, konzentrierte sich auf die Entwicklung von Lösungen anstelle der tief gehenden Analyse von Problemen. Mir hat ein Psychologe das Konzept einmal so erklärt: Steve de Shazer arbeitete mit einer dysfunktionalen Familie, die ein Problem nach dem anderen auftischte, bis er in seiner Verzweiflung angesichts des Problemwusts vorschlug: „Ändern Sie irgendetwas, einfach irgendetwas." Die Familie habe dies befolgt und die Sitzordnung bei Tisch verändert, was zu einer erstaunlichen Veränderung auch der Beziehungen führte und entsprechend neue Dynamiken in Gang setzte ... Dies mag anekdotisch sein, zeigt aber wohl das Grundanliegen: Glaub an den Zusammenhang der Lebens- und Problembereiche, konzentriere dich auf günstige Veränderungen und beobachte deren Wirkung. Anders gesagt: Wenn du eine Gewohnheit veränderst, wird dies Veränderungen in anderen Bereichen mit sich bringen.

Eine Anatomie
der Gewohnheiten

4.

Eine Gewohnheit ist eine gefestigte Form des Handelns; sie ist eine erworbene Verhaltensdisposition[38], lebt von Wiederholung und ist durch eine gewisse Mühelosigkeit gekennzeichnet. Letzteres macht Gewohnheiten wohl auch so attraktiv – sie erleichtern das Leben, weil man nicht in jeder Situation neue Handlungen entwerfen muss, sondern auf bekannte Muster zurückgreifen kann. Diese Mühelosigkeit kann zum Muster werden, das es sehr anstrengend werden lässt, gegen die Gewohnheit zu handeln, weil sie nach einer gewissen Ausführungshäufigkeit auch „automatisiert" abläuft, also als Verhalten, über das die Handelnden nicht nachdenken.[39] Manche Gewohnheiten sind das Resultat ausdrücklicher Entscheidungen und Anstrengungen, andere Gewohnheiten „schleichen sich ein". Charles Duhigg beschreibt dies an dem Beispiel von Familien, die mehr und mehr Fast Food konsumieren, weil Auslösereize kaum zu übersehen sind und die mit der Routine des Fast Food verbundenen Belohnungen angenehm sind.[40] Die Routine schafft Sicherheit, Vereinfachung und Zugang zu Belohnungen. Neue Gewohnheiten können bei Konsumentinnen und Konsumenten vor allem dadurch etabliert werden, dass man ein Verlangen nach einer Belohnung weckt und klar definierte Auslösereize mit dieser verbindet. Dies lässt sich am berühmten Beispiel der Zahnpasta Pepsodent, von Claude Hopkins erfolgreich beworben, zeigen.[41] Hopkins gelang es, die Belohnung („Ich habe eine Empfindung in Form eines kühlen prickelnden Gefühls") mit einem Auslöser (Zahnfilm) zu verbinden und Pepsodent als *missing link* zu etablieren.[42] Die Gewohnheit des täglichen Zähneputzens schließt dann eine Lücke zwischen Auslöser und Belohnung.

„Menschen sind nur selten spontan, meist sind sie Maschinen. Was sie tun, tun sie aus Gewohnheit", lässt Daniel Kehlmann seine Romanfigur Iwan Friedland sagen.[43] Menschen werden mitunter als „Gewohnheitstiere" („creatures of habit") beschrieben. Eine oberflächliche Sprechweise übersieht dabei gerne, dass es verschiedene Begriffe von „Gewohnheiten" („habits") gibt, die von automatisierter Routine bis hin zu vitaler Lebenshaltung reichen.[44] Gewohnheiten sind schillernde Phänomene; sie sind Muster, Handlungsmuster, Verhaltensmuster – sie weisen ein Moment von Konstanz und ein Moment von Veränderung auf; ein Moment der Konstanz, weil sich im Ausüben einer Gewohnheit bestimmte Elemente immer wieder zeigen, wiederholt werden, stabil bleiben, wiedererkennbar sind; aber auch ein Moment der Veränderung, weil eine Gewohnheit eine Handlungsform mit Wirkung ist, die die Handlungsneigung vertieft, sich eingräbt, Spuren hinterlässt, sich verfestigt, starrere Muster schafft. Aufgrund dieser Zweischneidigkeit haben Gewohnheiten einen „harten" Aspekt des Widerstands gegen Veränderung – hier prallen also Impulse zu einer Verhaltensveränderung ab; und gleichzeitig haben Gewohnheiten einen „weichen" Aspekt der Aufnahmefähigkeit, weil sie bestimmte

Handlungsformen gerne aufnehmen und vertiefen. Des Weiteren haben Gewohnheiten in dieser Logik der Zweischneidigkeit einen aktiven Aspekt der Aneignung (ich kann mir Gewohnheiten etwa aufgrund von Neujahrsvorsätzen aktiv und entschlossen zu eigen machen) und einen passiven Aspekt der Formung (man wird durch seine Gewohnheiten geformt, der Lebensstil führt zur oftmals unmerklichen Herausbildung von Gewohnheiten). Wenn ein Mensch jeden Tag zweihundert Mal mit „Herr General" oder „Frau Ministerin" oder „Exzellenz" angesprochen wird, so wird dies in diesem Menschen etwas bewirken und verändern. Aktive Gestaltung und passive Formung sind miteinander verbunden: Die aktive Gestaltung führt auch zu einem Geformtwerden, das nicht vollständig kontrolliert werden kann. Der Charakter eines Menschen ist Ausdruck und Resultat von Gewohnheiten, Gewohnheiten drücken den Charakter aus. Der Charakter eines Menschen wiederum wird in einer wichtigen philosophischen Tradition als „zweite Natur" beschrieben; Cicero definiert die Veränderung der Natur („Kultivierung") durch landwirtschaftliche Bearbeitung als Schaffung einer zweiten Natur, spricht aber an anderer Stelle ausdrücklich von der Gewohnheit als „zweiter Natur".[45] Als „zweite Natur" baut sie auf natürlichen Voraussetzungen auf, schränkt jedoch die Freiheit ein, hebt sie aber nicht auf.[46]

Ein wichtiger Punkt in diesem Zusammenhang ist der Hinweis, dass wir dafür verantwortlich sind, wie sich unsere zweite Natur, unser Charakter, entwickelt.[47] Es sind Entscheidungen oder auch das mutwillige Unterlassen von Entscheidungen, die zur Ausbildung der zweiten Natur führen. Wir können uns deswegen auch nicht mit schulterzuckendem „So bin ich nun einmal" gegen Fragen der Charakterbildung wappnen. Der Charakter eines Menschen, so die Idee, wird von den Gewohnheiten des Menschen bestimmt. Die Gewohnheiten gehen so sehr in Fleisch und Blut über, dass sie zur Persönlichkeit des Menschen gehören wie sein körperliches Dasein. Gewohnheiten liegen an einer Schnittstelle zwischen „Natur" und „Kultur"; eine Gewohnheit hat etwa die Macht, etwas Kulturelles und Künstliches „natürlich" erscheinen zu lassen, etwas Unangenehmes und Schwieriges kann selbstverständlich werden. Das Tragen von Make-up kann beispielsweise so sehr zur „zweiten Natur" werden, dass sich eine Frau „nackt" fühlt, wenn sie kein Make-up trägt. Susan Spencer-Wendel berichtet von einer derartigen Bedeutung von Make-up im Sinne einer „zweiten Natur" und von ihrer konsequenten Entscheidung, sich im Zuge ihrer fortschreitenden Muskelatrophie permanentes Make-up machen zu lassen: „Wie so viele Frauen habe ich sehr viel Geld investiert, um die richtige Kombination für mein Gesicht zu finden ... Selbst als meine Hände [aufgrund der voranschreitenden Erkrankung] immer schwächer wurden, trug ich Make-up auf ... ich ohne Make-up war einfach keine Option."[48] Hier ist das Tragen von Make-up zur festen Gewohnheit geworden, die die Persönlichkeit ausdrückt, aber auch prägt. Gewohnheiten machen das Leben „wohnlich".

In dem Wort „Gewohnheit" steckt das „Wohnen"; dieses Wort wiederum hat etymologisch mit dem Althochdeutschen „wonên" zu tun, „bleiben" und „zufrieden sein". Martin Heidegger hat in einem Aufsatz auf den Zusammenhang von „Bauen", „Wohnen" und „Leben" hingewiesen – wir bauen Wohnungen, um Welt angesichts der Sterblichkeit zu bewahren.[49] Wir richten uns im Haus des Lebens ein; Gewohnheiten sind wie vertraute Möbelstücke oder auch wie Räume im Haus des Lebens; neue Gewohnheiten erschließen denn auch neue Räume; ein neues Möbelstück verändert den Charakter eines Raumes oder einer ganzen Wohnung; Gewohnheiten sind wie eine zweite Haut, die wir uns zu eigen machen, also wie Kleidung. Das lateinische Wort „Habitus" und das Wort „Habit" als Ausdruck für ein Ordensgewand deuten diese Verwandtschaft an; eine Gewohnheit ist ein Verhalten, das einer Form folgt, eine „Uniform" ist genormte Kleidung. Das deutsche Wort „Kostüm" und die englischen Wörter „custom" und „costume" sind ebenso miteinander verwandt wie die französischen Wörter „coutume" und „couture". Wir hüllen uns in Gewohnheiten ein, bedecken die Blößen der Unsicherheit mit schützenden Gewohnheiten. Eine Gewohnheit ablegen ist meist schwerer als das Ablegen eines Mantels, eben weil die Gewohnheit zur zweiten

Haut geworden ist. Der Effekt ist ganz ähnlich – nach Ablegen einer Gewohnheit kann man sich leer oder ungeschützt oder nackt fühlen, so wie sich bei Menschen, die sich das Rauchen abgewöhnt haben, eine Leere einstellen kann. Eine Gewohnheit ablegen hat auch mit Loslassen zu tun; nicht von ungefähr ist das genannte Wort „Habitus" mit „habere" verbunden: etwas halten, etwas haben. Eine Gewohnheit hat man sich angeeignet, zu eigen gemacht, sie ist Teil des Eigenen geworden, Teil des Selbst. Und dies geht mitunter so weit, dass die Gewohnheit dich selbst in Besitz nehmen kann, du findest dich in Abhängigkeit und Sucht wieder. Gewohnheiten haben eine Kraft („force of habit"), die auch zwingend wirken kann – gewohnheitsmäßige Frühaufsteher können von der Gewohnheit aus dem Bett gezogen werden, ungeachtet der eigenen Trägheit; ein Gewohnheitstrinker greift zum Glas, auch wenn es ihm lieber wäre, dies nicht tun zu müssen. Hier werden Kräfte frei, die das Leben prägen.

Wie kann man Gewohnheiten beschreiben? Vielleicht am besten dadurch, dass man sie am eigenen Leib erfährt, sichtbar macht (man kann natürlich auch Aristoteles studieren, ich entscheide mich aber für den Königsweg der Erfahrung). Ich bitte Edith, eine sprachsensible Literaturwissenschaftlerin, sich auf ein 30-Tage-Experiment einzulassen: einen Monat lang jeden Tag eine Gewohnheit, konsequent und regelmäßig, zu verändern; jeden Tag an der Schraube einer Gewohnheit zu drehen. Sie stellt sich drei Fragen: Worum könnte es gehen? Was sind meine schlechten Gewohnheiten? Aber auch: Warum sollte man eigentlich nicht auch gute Gewohnheiten von Zeit zu Zeit ändern oder zumindest kritisch betrachten? Diese drei Fragen sind für das Anliegen einer Lebensveränderung hilfreich: Es geht um den wachen Blick, aber auch „den dritten und vierten Blick", wie es Edith ausgedrückt hat. Die Frage nach dem Angelpunkt, an dem es sich lohnt, anzusetzen, ist auch die Frage nach der Eigenart von Gewohnheiten. *„Ich stolpere"*, schreibt Edith, *„über das Wort selbst – Gewohnheit. Habit. Handlungs- und Denkweisen, in denen ich ‚wohne', mich zu Hause fühle. Welchen dieser Räume möchte ich verlassen? Wo ist die Komfortzone meines Selbst? Was stört? Was fehlt? Eigentlich möchte ich lieber einen Raum dazugewinnen (die Option ist ja da: mir ‚eine Gewohnheit zu eigen machen'). Da ist etwas, was ich schon lange probieren möchte, was mir einen Raum öffnen würde, der mir eigentlich fehlt (im Sinne einer festen Tatsache), einen Raum für mich."* Gewohnheiten gestalten Lebensräume – erschließen, engen aber auch ein.

Edith beschließt, sich eine neue Gewohnheit anzueignen: *„Ich weiß nun, was ich in diesem Monat probieren werde – nämlich, wie es sich anfühlt und wie es mir tut, Tagebuch zu schreiben; eine ganz bewusste, regelmäßige Zeit des Innehaltens und der Reflexion in den Tag einbauen und die Gedanken schriftlich (handschriftlich!) festhalten. Nicht dass ich bislang reflexionslos durch mei-*

nen Alltag gestolpert wäre, aber es soll im kommenden Monat darum gehen, es nicht mehr oder weniger dem Zufall (und den zeitweilig frühen, gedankenschwer-schlaflosen Morgenstunden) zu überlassen, wann diese Reflexion einsetzt oder ich sie herbeiführe, sondern mir dafür bewusst Zeit zu nehmen. Es geht mir dabei nicht um Aufsätze über meinen Alltag, sondern um Nachdenken darüber, was (und wer und warum) mir gutgetan hat und gut gelungen ist und was (und wer und warum) nicht; was ich tun kann; ein tägliches Barometer, das mir vielleicht Aufschluss über ein paar Fragen geben wird am Ende des Monats. Und vielleicht auch Anreiz sein kann, weiterzumachen."

Die Reflexion zeigt, dass eine Gewohnheit nicht bloß eine gewisse Handlung oder Handlungseinstellung ist, sondern eine Tiefendimension hat. Gewohnheiten erzählen über unsere Vergangenheit, sind Speicher von Erfahrungen, erzählen etwas über uns selbst, auch – beim Ringen um eine neue Gewohnheit – über unsere Hoffnungen und Sehnsüchte. Gewohnheiten sind Teil einer Diagnose wie auch Teil einer Therapie. Edith überlegt sich an einer Stelle in ihren Aufzeichnungen, dass die Gewohnheit des Tagebuchschreibens gerade in ihrer Lebenssituation heilend sein kann – und gleichzeitig haben Gewohnheiten im Leben eines Singles eine besondere Bedeutung, die auf „den sozialen Raum" von Gewohnheiten aufmerksam macht: *„Der Gedanke, dass Gewohnheiten, ob gut oder schlecht, irgendwie kein The-*

ma sind im privaten Leben als Single. Ist ja niemand da, der sich dran stößt oder freut. Gleichzeitig ist mir klar, wie wichtig es trotzdem/deswegen (?) ist, über Gewohnheiten gerade im Single-Leben nachzudenken, weil das alltägliche, private, vertraute Gegenüber fehlt, das sonst Korrektiv sein kann ... (und man lebt ja auch mit anderen ...)."

Ediths erster Tag auf dem Weg zu einer neuen Gewohnheit: *„Eigentlich widerspricht es meinem Verständnis von Gewohnheit, dass ich eine solche jetzt einfach aufnehmen kann. Dass das heute schon ‚Gewohnheit' sein soll (Max Frisch: Geschichten anprobieren wie Kleider, ‚Mein Name sei Gantenbein' – daran erinnert mich das gerade). Ich beginne heute, mich in Regelmäßigkeit eine bestimmte Sache betreffend zu üben. Das trifft es eher."*

Die Wörter „Regelmäßigkeit" und „üben" sind hier ebenso bedeutsam wie „bestimmte Sache". Willst du dein Leben ernsthaft ändern, musst du an einem ganz bestimmten Punkt beginnen, einer Regel folgend, den gewählten Aspekt einübend. Dazu bedarf es neben einem festen Entschluss auch einer entsprechenden Infrastruktur. Edith rüstet sich für die Gewohnheitsveränderung aus: *„Ich hab' mich am Vortag an ein Notizheft erinnert, das hier noch unbeschrieben herumliegt und bei der letzten Übersiedlung wieder aufgetaucht ist. Es hat zufälligerweise, wie ich jetzt merke, 32 Blätter. Ich will eine Titelseite, bleiben 31 – ideal für diesen einen Monat! Ein Blatt pro Tag, maximal eine Doppelseite also – besser vielleicht sogar nur eine Seite, aber die regelmäßig."*

Edith bringt hier ein Wachstumsgesetz zum Ausdruck, das sich in der philosophischen und spirituellen Literatur immer wieder findet: „Weniger ist mehr." Angelo Roncalli, der spätere Papst Johannes XXIII., hat sich diese Einsicht in Jugendjahren zu eigen gemacht und bis an sein Lebensende verfolgt. Es ist klug, bei der Gewissenserforschung immer nur einen bestimmten Fehler ins Auge zu fassen und besonders darauf zu achten, als in vielen verschiedenen Fehlhaltungen und möglichen Irrungen unterzugehen.[50] „Je mehr Vorsätze man faßt, um so weniger hält man sie", gesteht sich Angelo Roncalli im September 1898 ein.[51] Es ist besser, wenige Übungen der körperlichen Selbstverleugnung zu betreiben, diese aber dafür immer wieder, wenige Gebetsübungen, diese aber gut.[52] Der Kirchengeschichtslehrer Roncallis gibt seinen Schülern den Rat: Lest wenig, aber gut. Und der Seminarist beschließt: „Was für die Lektüre gilt, wende ich auf alles an: wenig, aber gut."[53] Diese Einsicht kann man wohl auch auf den Umgang mit Gewohnheiten und Lebensveränderungen anwenden – lieber das wenige regelmäßig tun, als das viele nur episodisch. Bei dem wenigen kann auch der Entschluss stärker, der Blick wacher sein: *„Der Gedanke, wie ich die neue Gewohnheit am ersten Tag umsetze, beschäftigt mich ganz schön (das ist wahrscheinlich doch ein Unterschied zu tatsächlichen, eingeübten Gewohnheiten, die doch mehr ,von selbst' laufen?); es ist (nicht nur, aber auch) eine Verpflichtung, aber eine, die ich mir da auch selbst auferlege."*

Wie beginnt man mit dem Einüben einer neuen Gewohnheit? Selbstredend mit einem ersten Schritt. *„Der Start, das ist mir wichtig, ist nicht einfaches Tun wie alle anderen alltäglichen Tätigkeiten auch, sondern ich möchte das zu etwas Besonderem machen. Und das tue ich auch, mit einer kurzen Ruhe- und Konzentrationsphase, bevor ich über den vergangenen Tag nachdenke.“* Tag für Tag, Schritt für Schritt sammelt Edith Erfahrungen: *„Anfangs immer wieder Ratlosigkeit, was ich an dem Tag denn schreiben sollte … gegen Abend hin immer mehr Vorfreude auf die Minuten der Ruhe und Übung. Vielleicht war das mit dem Tagebuch keine ganz falsche Idee …“* Freude dient als Movens einer Gewohnheit, als das, was das konsequente Verfolgen der Gewohnheit möglich macht und motiviert; gleichzeitig dienen aber auch Erwartungsdruck und die erfahrenen Früchte als Antriebskräfte. Edith beobachtet etwa, dass sie durch die neue Gewohnheit des Tagebuchschreibens stärkere Achtsamkeit im Umgang mit sich selbst entwickelt und einen tieferen Sinn von Selbstsorge. *„Das Tagebuch scheint mir immer mehr ein geeignetes Medium zur Selbstreflexion, aber auch zur Verortung im Kontext; es hilft überraschend oft (was nicht heißt, dass es immer angenehm ist, es zu schreiben – wenngleich es auch das häufig ist – neue Gewohnheit spielt volles Programm!).“* Nach dem Anfang und den ersten Schritten muss Sorgfalt an den Tag gelegt werden. *„Die ‚Gewohnheit pflegen‘, auch wenn nichts unter den Nägeln brennt … auch eine neue Er-*

fahrung ... die anstrengend ist und – wäre es nicht verspro-
chen – jetzt gerade in Gefahr wäre." Die Wendung „eine Gewohnheit pflegen" deutet auf die Notwendigkeit hin, sich
aufmerksam und regelmäßig der Gewohnheit zuzuwenden; sie stellt sich nicht automatisch ein, sie muss errun-
gen werden. Um im Bild zu bleiben: Eine gute Gewohnheit
heilt eine Lebenswunde. Damit erhält das Bild der Pflege
eine weitere Tiefendimension. Das Pflegen einer Gewohnheit ist nicht nur Glückssache, hier kann man auch klug, ja
listig sein: *„Zwischenfazit: Zeitpunkt muss passen und rich-*
tiger Zeitpunkt/richtiges Setting ist zu finden; Abend muss
nicht der richtige Zeitpunkt sein, um über den Tag nachzu-
denken; der nächste Morgen kann besser passen. Ritual und
Fixpunkt ja, gebotene Flexibilität auch." Die Einübung einer
neuen Gewohnheit ist zugleich eine Frage der Anpassung
und Einfügung in das eigene Lebensmuster und in die eigene Persönlichkeit. Was stellt sich hier als der am leich-
testen gangbare Weg heraus?

In Zeiten von Müdigkeit und Willensschwäche ist
es hilfreich, sich an die ursprüngliche Lebenswunde,
auf die die Gewohnheit reagieren sollte, zu erinnern:
„Die ‚Gewohnheit pflegen', weil etwas unter den Nägeln
brennt – und spüren, dass sich da etwas entwickelt, dass
die Ernsthaftigkeit an der Sache guttut, weil sich mir mit
dem Tagebuch tatsächlich ein neuer Raum öffnet, den
ich so vorher nicht hatte. Gleichzeitig auch erste ernste
Herausforderungen: Grenzen spüren, die (wenn es ernst-
haft sein soll) überschritten werden müssen – in dem

Fall die Scheu, Gedanken, wenn auch ehrlich gedacht,
ehrlich niederzuschreiben – eine neue, andere, teils bru-
tale Ehrlichkeit sich selbst gegenüber entwickeln. (Was,
wenn das Notizheft mal jemand liest??) ... Ich merke, dass
mir das Experiment ganz so, im Sinne dieser Ehrlichkeit,
aber guttut – die regelmäßige Reflexion gibt mir, auch
wenn's nicht immer angenehm ist, mehr Vertrauen in
mich selbst, ich lern' mich besser kennen, sehe auch erste
Dinge, wo ich mir heute wohl selber im Weg steh' bzw.
wo ich Optionen hätte und etwas ändern könnte." Moti-
vationsgebend ist in jedem Fall die Erfahrung, dass mit
der Gewohnheit ein neuer Raum erschlossen werden
kann: *„Den ganzen Tag Hinfiebern auf den Moment ‚der*
Gewohnheit', des Schreibens (unterwegs, es tut auch ein
Kassazettel, um Notizen zu machen, um sie später bei der
Hand zu haben, oder die Handykamera), weil ich wirklich
merke, dass sich hier ein ersehnter Raum aufgetan hat;
eine Woche, und ich spüre, dass ich anders über mich/
mein Tun/meine Gefühle nachdenke; ich spür' unter an-
derem, wie wichtig mir (so sehr ich andererseits Möglich-
keiten, Spielräume und Freiheit brauche) doch Struktu-
ren und Rituale in meinem Alltag sind – und wie doch ein
simples Mittel wie das Tagebuch genau das bieten kann."

Die Umstellung von Gewohnheiten verursacht aber
auch Kosten, man hat einen Preis dafür zu zahlen. Nach
knapp drei Wochen die Notiz: *„Die Erfahrung, dass eine*
neue Gewohnheit auch enorm nerven kann und dass es
trotzdem inzwischen innere Gründe gibt (die mir wich-

tig sind), um festzuhalten." Diese Kosten liegen im Aufwand, liegen aber auch in den „Opportunitätskosten", also in dem, was durch die Gewohnheit nicht mehr möglich ist. Kosten wie Erträge gehören schließlich auch zu den nicht intendierten Konsequenzen, gemäß dem Dominoeffekt: Eine Gewohnheitsveränderung bringt andere Veränderungen mit sich. *„Vielleicht nur Zufall, aber wohl nicht nur: eine schlechte (bislang ziemlich unabgewöhnbare) Gewohnheit lässt mit Beginn des Experiments, mir eine (als gut erachtete) Gewohnheit anzueignen, nach; und zwar ohne einen Gedanken daran verwendet zu haben, daran etwas zu ändern. Das eine bedingt oder beeinflusst das andere?"* Edith spricht hier von ihrer Angewohnheit, an den Fingernägeln zu kauen. *„Ich bin seit Kleinkindalter Nägelkauerin, was mich ordentlich nervt, was aber auch schwerfällt abzulegen, weil es eben ‚unachtsam' passiert. Seit Beginn des Tagebuchschreibens fällt mir zu meiner Überraschung auf, dass ich über ganz weite Strecken drauf ‚vergesse'. Ich hab' das zuerst eher für Zufall gehalten, merke aber immer mehr ... dass da was zusammenhängt. Ich kann es nicht genauer erklären, nehme an, es hat etwas damit zu tun, dass diese kurze Zeit einfach enorm viel Druck aus allem rausnimmt (es gibt, auch schon antizipatorisch, ein Ventil, auf das ich mich in vielen Situationen verlassen kann)."* Hier zeigt sich ein Dominoeffekt, die neue Gewohnheit übt einen Einfluss auf andere Gewohnheiten aus.

Eine Gewohnheit wird durch Wiederholung eingeübt; durch Regelmäßigkeit; Schritt für Schritt, Tag für Tag verfestigt sie sich, sie wechselt von einem „flüssigen Aggregatzustand" des schwer fassbaren Neuen in einen mehr und mehr „festen Aggregatzustand", der Form hat und Halt gibt: *„Nach zehn Tagen das Gefühl, mit der neuen Gewohnheit ein Auffangbecken zu haben, wenn ein Tag gefühlt alle erdenklichen Emotionen auf einmal evoziert. Und nicht nur auf sich selbst zurückgeworfen zu sein. Das Tagebuch langsam als Fixpunkt, auch ohne dass sich den ganzen Tag die Gedanken darum drehen, das Tagebuch als Auszeit, die Gewohnheit als Anlaufpunkt und Gewinn – liebe neue Gewohnheit, langsam wird das was mit uns! ... Die neue ungewohnte Gewohnheit ein neuer, überraschender Halt."*

Dennoch bleibt auch Edith die „Stunde der Versuchung" nicht erspart, der Punkt, an dem es äußere und innere Lebensumstände schwer machen, an der Lebensveränderung festzuhalten und der neuen Gewohnheit treu zu sein: *„Von Anfang an befürchtet, jetzt doch überraschend: der Tag, an dem es nicht klappt – die gute Gewohnheit vernachlässigt wird und die schlechte, die seither ausgesetzt hat, wieder hereinkippt. Das Gefühl, während ich über das Nicht-Einhalten der Übung nachdenke, ist schwer zu beschreiben – weil ich Akteur und Passagier gleichzeitig bin. Irgendwie beschämt, gerade auch wegen der letzten Notiz"*, derjenigen, die stolz von der Verfestigung der Gewohnheit gesprochen hat.

„Andererseits im Rückblick auch die Frage: Was soll ich denn auch schreiben, wenn alles leer ist? Tiefpunkt – einigermaßen überwunden – unter anderem dank des Tagebuchs und der Möglichkeit, dort am Folgetag das Geschehene zu reflektieren. – Es geht weiter." Die Regelmäßigkeit der Gewohnheit wird durch die Unregelmäßigkeiten, durch das Unberechenbare unseres Lebens bedroht. Unser Leben ist weitgehend kontingent, es könnte also auch ganz anders sein. Viele Dimensionen des Lebens sind unplanbar. Man kann hier auch den Begriff der „Verwundbarkeit" anführen. Er steht dem der festen Regelmäßigkeit entgegen. Wir tragen in unserem Leben Risiken, die wir nicht auf null reduzieren können. Verwundbarkeit ist mehr als ein Wissen, „dass etwas passieren könnte"; es meint ein Wissen um Anfälligkeit für Verwundungen, ein Wissen um die Möglichkeit, dass die eigene Integrität beschädigt werden kann. Anders gesagt: Verwundbarkeit ist das Wissen um die Vorläufigkeit unserer Identität.[54] Wenn äußere oder innere Lebensumstände Druck ausüben, kann es zu erschwerten Bedingungen kommen, unter denen einer Regel zu folgen ist. Daniel Coyle hat dieses Phänomen „tiefe Praxis" („deep practice") genannt; er hat beobachtet, dass Brasilien unter anderem deswegen so viele großartige Fußballspieler hervorgebracht hat, weil viele Kinder das Fußballspiel unter widrigen Umständen (Fetzenball, unebener Boden) einübten, also im Rahmen einer „tiefen Praxis", an der auch unter erschwerten Bedin-

gungen festgehalten wird[55]; dazu bedarf es einer grundsätzlichen inneren Stabilität und einer festen Selbstverpflichtung, gestärkt durch den klaren Blick auf die Motivation.

Wir werden auf diese Stunde der Versuchung noch zurückkommen, die uns auf dem Weg zu Lebensveränderungen gerade deswegen nicht erspart bleiben, weil wir fragile Wesen sind. Von der Stunde der Versuchung und dem „Fall" ist jedoch der kalkulierte Bruch mit einer Gewohnheit zu unterscheiden: *„Die Erfahrung, dass auch ‚keine Zeit (oder keinen Grund) für Tagebuch haben' bewusst erfolgen kann und somit ohne Bruch der Kontinuität und nicht als ein ‚autsch'-Moment am nächsten Tag ..."* Man kann hier eine größere Freiheit im Umgang mit der Gewohnheit beobachten, ein größeres Selbstbewusstsein, einen Sinn für das Wesentliche im Unterschied zum mechanischen Befolgen einer Regel. Dieser Unterschied kommt in der Figur des Laternenanzünders in Antoine de Saint-Exupérys *Der kleine Prinz* zum Ausdruck. Der Laternenanzünder hält sich gewohnheitsmäßig an die Weisung, die Laterne auf dem Planeten anzuzünden und zu löschen, wobei diese Weisung angesichts des sich immer schneller drehenden Planeten an Sinnhaftigkeit verliert – der Hintergrund der Gewohnheit entfällt, die Gewohnheit wird leer und wird dann nur mehr blind befolgt.

Nach der Stunde der Versuchung macht Edith wieder eine Erfahrung der Festigung: *„Halbzeit, die neue Ge-*

wohnheit hat trotz Aussetzers gegriffen; unterwegs, Tagebuch weit weg, im Kopf trotzdem Eintrag/Quintessenz des Tages formuliert und später nachgetragen. Die Regelmäßigkeit tut gut, das Bedürfnis, ihr zu folgen, ist da." Und da sich die Gewohnheit des Tagebuchschreibens verfestigt, kommt auch wieder die Frage nach anderen Wirkungen auf: *„Die Gewohnheit, die langsam wirklich zu einer wird, setzt weiterhin Nachdenken über andere Gewohnheiten in Gang. Spürbar bleibt es nach wie vor bei einer, großteils abgelegten schlechten Gewohnheit, aber auch andere schlechte Gewohnheiten scheinen nicht mehr ganz sicher. Wenn ich mir etwas aneignen kann auf eigenen Willen hin, dann geht auch noch anderes. Fühlt sich gut an, bereichert mich (auch wenn die Inhalte nicht immer einfach zu schlucken sind. Auch eine neue Art der Ehrlichkeit gegenüber mir selbst – siehe oben, Schriftlichkeit der Gedanken – hat durch das Tagebuchschreiben erlernt werden wollen)."* Hier wird der Pullovereffekt einer Gewohnheit angesprochen, die Auswirkung auf andere Lebensfäden und das übrige Lebensgewebe.

Fazit: *„Die Gewohnheit schafft Offenheit und Sicherheit dem Ungewohnten gegenüber. Das regelmäßig geführte Tagebuch, die regelmäßige Reflexionszeit ermöglichen es mir, im Fall des Unerwarteten anders (ein wenig sicherer, ein wenig ungestresster, ein wenig unvorhersehbarer auch) zu reagieren – ich habe etwas in der Hinterhand, was mir gehört ... ich hab' einen Halt, der mir gehört, von mir gepflegt wird, von mir aus weitere Optionen öffnet ...*

In unruhigen und sehr dichten Tagen: die Gewohnheit als eine Art Ruhe-Insel; das Schreiben/Innehalten als etwas, was Halt gibt und Ruhe und Kraft, wo ich sie gar nicht erwartet hätte; die Gewohnheit als Konstante, anhand derer sich auch Entwicklung lesen lässt; je nachdem, wie gut es gelingt, sie zu halten, gerade wenn sie jung ist."

Halten wir anhand dieses Beispiels Eckpunkte einer „Anatomie der Gewohnheiten" fest. Erstens: Gute Gewohnheiten erschließen neue Lebensräume, machen das Haus des Lebens weiter und wohnlicher, stärken das Ja zum Leben. Zweitens: Unsere Gewohnheiten erzählen von unserem Leben, geben Zeugnis von unserer Geschichte, aber auch unseren Hoffnungen. Drittens: Gewohnheiten sind in einer Lebenssituation verortet, in einem sozialen Raum, in dem sie auch mit anderen Menschen verbunden sind; sie haben eine soziale Dimension. Viertens: Nachhaltige Gewohnheitsveränderung folgt dem Grundsatz „Weniger ist mehr". Fünftens: Antriebskräfte für Gewohnheitsveränderungen sind Entschlussstärke (und -begründung), Erwartungsdruck, Freude und die Früchte. Sechstens: Gute Gewohnheiten als Heilmittel für Lebenswunden wollen gepflegt werden, dazu bedarf es auch einer praktischen Klugheit, den rechten „Stil" in der Ausübung einer Gewohnheit zu finden. Siebtens: Eine Gewohnheit wird durch Wiederholung eingeübt; durch Regelmäßigkeit; Schritt für Schritt, Tag für Tag verfestigt sich die Gewohnheit, sie wechselt von einem „flüssigen Aggregatzustand" des schwer fassbaren Neuen in einen mehr und mehr „festen Aggregatzustand", der Form hat und Halt gibt. Achtens: Die „Stunde der Versuchung" wird sich einstellen; hier erweist sich das Festhalten an der Gewohnheit als herausgefordert durch innere oder äußere Widrigkeiten – in solchen Zeiten von Müdigkeit und Willensschwäche ist es hilfreich, sich an die ursprüngliche Lebenswunde, auf die die Gewohnheit reagieren sollte, zu erinnern. Neuntens: Die Umstellung von Gewohnheiten verursacht aber auch Kosten, man hat einen Preis dafür zu zahlen – den Preis der Anstrengung und den Preis, anderes aufgeben zu müssen. Zehntens: Die Veränderung einer Gewohnheit wird die Ausübung anderer Gewohnheiten beeinflussen.

1799 und 1838:
Eine philosophische
Zwischenbemerkung

„Du schreibst ein Buch über Gewohnheiten? Kann man denn darüber ein ganzes Buch schreiben?", fragte mich meine Mutter, was ein grelles Licht auf meine Kindheit werfen könnte. Wie auch immer, die Antwort wird lauten: „Klar kann man ein Buch über Gewohnheiten schreiben – wenn man sich in der Geschichte umsieht und zusammenträgt (‚abschreibt', hätte mein Vater gesagt), was Philosophinnen und Philosophen zum Thema gedacht haben."[56] Das ist also die Rechtfertigung für dieses Kapitel, das den Charakter einer philosophischen Zwischenbemerkung hat.

Im Jahre 1799 schrieb die französische Akademie der Wissenschaften einen Essaywettbewerb zum Thema Gewohnheiten aus. Pierre Maine de Biran, der spätere Preisträger, merkte an, wie schwierig diese Aufgabe doch sei, da sich Gewohnheiten als vertraute Selbstverständlichkeiten dem Blick entzögen. Kurz, sie fallen uns nicht auf. Lehrern und Lehrerinnen ist dieser Umstand spätestens dann bekannt, wenn sie von Schülerinnen und Schülern im Rahmen eines Schulkabaretts nachgeäfft werden – Lieblingswendungen, Lieblingsgesten, Lieblingshandlungen werden hier ans Tageslicht gebracht, auf die Bühne geholt. Gewohnheiten können als Ausdruck des Lernens, aber auch als Ausdruck der Automatisierung verstanden werden; sie können gerade durch den Effekt der Automatisierung „unsichtbar" werden. Henri Bergson, der in seinem philosophischen Denken die Vitalität und das Lebendige verteidigte, stand Gewohnheiten skeptisch gegenüber, fürchtete, dass alle Gewohnheit in einem stumpfen Automatismus ende. Wir finden es amüsant, wenn wir Tics oder Angewohnheiten von Menschen beobachten, weil wir uns darüber lustig machen, dass dieser Mensch einer mechanischen Puppe gleicht und von Kräften gesteuert wird, die stärker sind als er selbst. Wenn etwa ein Redner die Angewohnheit hat, sich nach jedem dritten Satz am Ohr zu kratzen, wird uns dies auffallen, vom Inhalt des Vortrags ablenken und amüsieren. In René Goscinnys Geschichten vom kleinen Nick und seinen Freunden („Le Petit Nicolas et ses amis") nennen die Kinder ihren Lehrer Herrn Hühnerfeld „Hühnerbrüh", weil er die Gewohnheit hat, „sieh mir in die Augen" zu sagen – und auf der Hühnersuppe doch Augen schwimmen. Herrn Hühnerfeld wäre diese Lieblingswendung gar nicht mehr aufgefallen. Die Gewohnheit stärkt die Handlungssicherheit des Herrn Hühnerfeld, weil er nicht mehr lange nach Interaktionseinleitungen suchen muss, da ihm die gewohnheitsmäßige Phrase zur Verfügung steht, gleichzeitig schwächt die Gewohnheit aber die Reflexionskraft, da Herr Hühnerfeld nicht mehr über die Wortwahl nachdenken wird und diese ihm angesichts zunehmender Verfestigung der sprachlichen Gewohnheit auch nicht mehr präsent ist. Anders gesagt: Es ist ein Paradox, dass die Verfestigung einer Gewohnheit zur Verflüchtigung der Gewohnheit führt, sie verliert an Wahrnehmbarkeit.

Dass Gewohnheiten einen zumindest doppelten Effekt haben, wurde bereits im 18. Jahrhundert von Joseph Butler, einem englischen Theologen, Philosophen und Kirchenmann, beobachtet: Wenn eine Handlung zur Gewohnheit wird, schwächt dies unsere Aufmerksamkeit, stärkt aber die Sicherheit der Handlung.[57] Eine Gewohnheit stärkt und schwächt also gleichzeitig. Der französische Philosoph Félix Ravaisson hat 1838 eine kurze, aber einflussreiche Studie („De l'habitude") vorgelegt. Darin stellt er Gewohnheit als Brücke zwischen Natur und Kultur, als Brücke zwischen Notwendigkeit und Freiheit vor und beschäftigt sich unter anderem mit dem doppelten Effekt von Gewohnheiten[58]; er illustriert diese Doppeldeutigkeit am Beispiel des gewohnheitsmäßigen Weinkonsums, bei dem sich ein Alkoholiker und ein Wein-Connoisseur voneinander unterscheiden. Ersterer verliert das Geschmacksempfinden und verlangt nach immer größeren Mengen, um einen ähnlichen Effekt erzielen zu können, Letzterer verfeinert seine Geschmacksnerven.

Aufgrund des doppelten Effekts von Gewohnheiten verwundert es nicht, dass diese im Laufe der Philosophiegeschichte zwiespältig beurteilt wurden. Auf der einen Seite finden wir eine Tradition, die Gewohnheiten als Rückgrat eines guten Lebens ansieht – zur Gewohnheit gewordene Handlungsdispositionen sind Tugenden, die ein stabiles sittliches Leben ermöglichen. Hier sind natürlich Aristoteles und Thomas von Aquin zu nennen. Auf der anderen Seite gelten Gewohnheiten auch als Erschwernis einer tiefen Erkenntnis – der Franziskanertheologe Roger Bacon spricht im 13. Jahrhundert von der „lang andauernden Gewohnheit" als einem Hindernis auf dem Weg zum Wissen – und als Widerstände im Ringen um ein sittliches Leben, wie es prominenterweise Immanuel Kant beschrieben hat. Einen interessanten Mittelweg schlägt Friedrich Nietzsche vor, der „kurze Gewohnheiten" preist. Sehen wir uns die Kerngedanken dieser drei Theorien an.

Der erste Weg: Aristoteles sah die Gewohnheit als „lernbares Tugendmittel" an. Eine Gewohnheit ist eine Weise, ein Vermögen zu erwerben; aufgrund einer Gewohnheit fällt es mir leicht, ein Vermögen auszuüben, ich habe es mir angeeignet, zu eigen gemacht. Es besteht ein bedeutsamer Unterschied zwischen einem Tätigwerden „von Natur aus" und einem Tätigwerden „aufgrund von Gewohnheit". Hier stoßen wir wieder auf die Gewohnheit als angesprochene Schnittstelle zwischen Natur und Kultur. Nichtmenschliches Sein kann nach Aristoteles nicht durch Gewöhnung verändert werden – zumindest bei nichtlebenden Dingen können wir hier zustimmen. An einer viel zitierten Stelle führt Aristoteles aus, dass ein Stein, der von Natur aus nach unten fällt, niemals daran gewöhnt werden könne, nach oben zu steigen – selbst wenn man ihn unzählige Male in die Höhe wirft.[59] Für den Menschen ist die Wiederholung entscheidend, beim Stein wird sie keinen Effekt erzielen. Aristoteles kennzeichnet Handlungen aufgrund von Gewohnheiten als solche, die wir ausführen, weil wir sie schon oft ausgeführt haben.[60] Die Wiederholung steht hier sowohl für die Motivation (ich kann mitunter gar nicht anders, als der festen Gewohnheit zu folgen) als auch für die Ermöglichung (aufgrund des wiederholten Einübens verfüge ich über die Fähigkeit). Es ist charakteristisch für uns Menschen – macht den Menschen zum Menschen –, dass wir durch Gewohnheiten geformt, von Gewohnheiten geprägt werden. Menschen können durch Gewohnheiten veredelt und verdorben werden. Tugenden wie Laster sind gewohnheitsmäßige Haltungen, aus denen gewohnheitsmäßige Handlungen entspringen. Gewohnheiten erzeugen, so könnte man es wohl ausdrücken, einen bestimmten „Geschmack" für Handlungen, ein Lust- bzw. Unlustgefühl in Bezug auf bestimmte Handlungen. Eine „hexis" (gewohnheitsmäßige Haltung) ist eine Art und Weise, sich zu Affekten zu verhalten, zu Gefühlen von Lust und Unlust; sie beruht auf Wiederholung und führt zu entsprechenden Entscheidungen. Gewohnheiten ändern also den „Geschmack" für das Leben, was auch mit der Weisheit der Lebensführung zu tun hat – das lateinische Wort „sapor" („Geschmack") ist mit dem Wort „sapientia" („Weisheit") verwandt. Nach Aristoteles behält die Vernunft bei einem vernünftigen (weisen) Menschen die Zügel in der Hand, sodass er auch gegen die Gewohnheit handeln kann, wenn es die Vernunft nahelegt.[61] Dieser Punkt ist natürlich im Laufe der weiteren Philosophiegeschichte umstritten (David Hume wird etwa im 18. Jahrhundert die Vernunft als die Sklavin der Leidenschaften beschreiben). Gewohnheiten sind der Schlüssel zum guten Leben; deswegen ist in der Erziehung nach Aristoteles auch darauf zu achten, dass Vernunft und Gewohnheit in Übereinstimmung gebracht werden.[62] Auch für den Gesetzgeber gilt, dass die Gesetze durch Gewohnheit internalisiert werden sollten; ein Gesetz entfaltet durch Gewohnheit eine größere Kraft.

Gewohnheiten entstehen dadurch, so die Idee von Aristoteles, dass man eine Handlung immer wieder setzt. Angenommen, ich bin ungeduldig; ich würde gerne die Tugend der Geduld haben; eine Tugend ist eine „Verhaltensdisposition" (Gewohnheit), aus der bestimmte Handlungen fließen. Wenn ich also als ungeduldiger Mensch geduldig werden möchte, muss ich a) einsehen, dass ich ungeduldig bin, b) stark und ausdrücklich motiviert sein, an meiner Ungeduld zu arbeiten, c) regelmäßig und wiederholt Handlungen der Duldsamkeit setzen, also Handlungen, die mir Geduld abverlangen oder die Geduld zum Ausdruck bringen. Das bedeutet, dass ich mich systematisch in Situationen versetzen muss, in denen solche Akte der Duldsamkeit gefragt sind. Ich will nun keine Liste solcher Situationen anführen, aber Konzerte von Schlagersängern, Besuche von Schwiegermüttern oder die Fernsehübertragung von Parlamentsdebatten sind gute Kandidaten für derartige Kontexte.

Der zweite Weg: Immanuel Kant steht Gewohnheiten kritisch gegenüber. Gewohnheiten schränken die Freiheit ein und laufen darauf hinaus, dass man sich aus einer inneren Notwendigkeit weiter so verhält, wie man es früher getan hat. Alles in allem spielen Gewohnheiten im Denken Kants nur eine nebensächliche Rolle, geht es doch bei ihm einerseits um das von Natur aus gegebene Erfahrungsunabhängige, andererseits um das lebendige Urteil. Gewohnheit schafft „subjektive Notwendigkeit"[63], damit eine Denkmechanik, die der Vernunft die Möglichkeit zum Urteil nimmt. Gewohnheit führt zu voreiligen Schlüssen, gewissermaßen zu einer Abstumpfung. Die durch Gewohnheit gebildete subjektive Notwendigkeit steht der objektiven Notwendigkeit entgegen und kann nicht angemessen gerechtfertigt werden. Auch in Bezug auf die Ethik, die den Begriff der Freiheit in den Mittelpunkt stellt, kann Kant mit dem Begriff der Gewohnheit nichts anfangen. In seiner Anthropologie grenzt Kant ein Verständnis von Tugend als „moralische Stärke" von einem Verständnis von Tugend als Mechanismus der (wohl „gewohnheitsmäßigen") Kraftanwendung ab.[64] Gewohnheiten stehen damit sowohl dem klugen Urteil als auch der freien sittlichen Handlung entgegen. Hier wird ganz offensichtlich, dass Kant weniger an den Folgen einer Handlung (man könnte sich ja schließlich vorstellen, Menschen „durch Gewöhnung" zu guten Handlungen zu bringen) als an der Freiheit der Pflichterfüllung interessiert war. Auch Jean-Jacques Rousseau hat der Gewohnheit, weil sie die natürliche Freiheit und Natürlichkeit einschränke, kein gutes Zeugnis ausgestellt.[65]

Der dritte Weg: Friedrich Nietzsche, wohl um das Beste aus diesem doppelten Effekt zu machen, sang ein Loblied auf das, was er „kurze Gewohnheiten" nannte, also Gewohnheiten, die für eine bestimmte Zeit und einen bestimmten Ort bestehen: „Ich liebe die kurzen Gewohnheiten und halte sie für das unschätzbare Mittel, viele Sachen und Zustände kennen zu lernen und hinab bis auf den Grund ihrer Süssen und Bitterkeiten; meine Natur ist ganz für kurze Gewohnheiten eingerichtet, selbst in den Bedürfnissen ihrer leiblichen Gesundheit und überhaupt soweit ich nur sehen kann: vom Niedrigen bis zum Höchsten. Immer glaube ich, dies werde mich nun dauernd befriedigen – auch die kurze Gewohnheit hat jenen Glauben der Leidenschaft, den Glauben an die Ewigkeit – und ich sei zu beneiden, es gefunden und erkannt zu haben: – und nun nährt es mich am Mittage und am Abende und verbreitet eine tiefe Genügsamkeit um sich und in mich hinein, sodass mich nach Anderem nicht verlangt, ohne dass ich zu vergleichen oder zu verachten oder zu hassen hätte. Und eines Tages hat es seine Zeit gehabt: die gute Sache scheidet von mir, nicht als Etwas, das mir nun Ekel einflößt – sondern friedlich und an mir gesättigt, wie ich an ihm, und wie als ob wir einander dankbar sein müssten und uns so die Hände zum Abschied reichten. Und schon wartet das Neue an der Thüre ... So geht es mir mit Speisen, Gedanken, Menschen, Städten, Gedichten, Musiken, Lehren, Tagesordnungen, Lebensweisen. – Dagegen hasse ich die dauernden Gewohnheiten und meine, dass ein Tyrann in meine Nähe kommt und dass meine Lebensluft sich verdickt, wo die Ereignisse sich so gestalten, dass dauernde Gewohnheiten daraus mit Nothwendigkeit zu wachsen scheinen: zum Beispiel durch ein Amt, durch ein beständiges Zusammensein mit den selben Menschen, durch einen festen Wohnsitz, durch eine einmalige Art Gesundheit. Ja, ich bin allem meinem Elend und Kranksein, und was nur immer unvollkommen an mir ist, – im untersten Grunde meiner Seele erkenntlich gesinnt, weil dergleichen mir hundert Hinterthüren lässt, durch die ich den dauernden Gewohnheiten entrinnen kann. – Das Unerträglichste freilich, das eigentlich Fürchterliche, wäre mir ein Leben ganz ohne Gewohnheiten, ein Leben, das fortwährend die Improvisation verlangt: – diess wäre meine Verbannung und mein Sibirien."[66]

Hier werden also folgende Gedanken ausgedrückt. Erstens: Ein Leben ohne Gewohnheiten ist unmöglich, weil eine Überanstrengung; die Bilder von „Verbannung" und „Sibirien" lassen hier tief blicken – ein Mensch ohne Gewohnheiten befindet sich ständig im

Exil, in einem nichtvertrauten Land, in einem Land ohne Selbstverständlichkeit und Vertrautheit. Gewohnheiten sind wie ein Anker, der Heimat schaffen kann. Ohne Gewohnheiten können wir uns nicht wohnlich niederlassen. Deswegen ist ein Leben ohne Gewohnheiten wie ein Leben in Verbannung, das jeden Tag neu erarbeitet werden muss, ohne je ein Gefühl von Vertrautheit zu schenken. Zweitens: Gewohnheiten als dauernde Gewohnheiten können ersticken, die Luft zum Atmen nehmen und die Freiheit rauben. Dauernde Gewohnheiten werden durch äußere Stabilität begünstigt, um nicht zu sagen: aufgezwungen; durch Faktoren wie stabile berufliche Aufgaben, stabile Beziehungen, fester Wohnsitz, verlässliches Körpergefühl. Nietzsche, der ein unstetes Leben mit teils dramatischen gesundheitlichen Herausforderungen zu bewältigen hatte, beschreibt diese haltgebenden Strukturen in düsterer Sprache. Hier kann er sogar seiner körperlichen Fragilität Positives abgewinnen, weil die Unvorhersehbarkeit seines Gesundheitszustandes eine Festigkeit im Äußeren verhindert. Sein Kranksein lässt „Hintertüren" offen, durch die er den dauernden Gewohnheiten entrinnen konnte, die er als abstumpfend und lebensfeindlich erlebte (das Leben als dauernde Bewegung und Veränderung). Drittens: Als Mittelweg zwischen dem Sibirien eines gewohnheitsfreien Lebens und einem Ersticken in dauernden Gewohnheiten nennt Nietzsche „kurze Gewohnheiten".[67]

Dies sind Handlungsmuster in einem bestimmten Kontext – für bestimmte Zeit in einer bestimmten Lebenssituation. Wir könnten bei kurzen Gewohnheiten an die Regelmäßigkeit und den Rhythmus während eines Kuraufenthalts denken oder an die wiedererkennbaren Strukturen während eines zweiwöchigen Urlaubs oder vielleicht auch an die Wiederholungen, die ein dreimonatiger Studienaufenthalt mit sich bringt. Wir sind, so scheint es, so gebaut, dass wir der eben angesprochenen Exilsituation dadurch zu entgehen versuchen, dass wir Anker werfen und Strukturen des Regelmäßigen errichten, auch wenn es sich um Übergangssituationen oder klar begrenzte Zeiträume handelt. Nietzsche beschreibt das Versprechen des Dauerhaften, das auch kurze Gewohnheiten bergen; zum Zeitpunkt der Eingewöhnung sind sie nicht auf Abbruch konzipiert; man richtet sich in einer kurzen Gewohnheit ein, als ob sie von Dauer wäre. Dann hat die kurze Gewohnheit eines Tages ihre Schuldigkeit getan, ihren Zweck erfüllt und verabschiedet sich in einem Moment friedvoll erlebter Saturiertheit. „Und schon wartet das Neue an der Tür" – das Neue als Bote des Lebens, das stets im Fluss ist, das Neue, das einen besonderen Reiz ausübt.

Félix Ravaisson verfolgt in seiner natürlich vor Nietzsche entstandenen Schrift zu Gewohnheiten ebenfalls einen Mittelweg, um mit den beiden Effekten von Gewohnheiten besser zurechtzukommen. Gewohnheiten geben Halt und Struktur, schaffen Ordnung, vermitteln Kraft für das Handeln; gleichzeitig schwächen sie aber das Nachdenken und das spontane Handeln und schränken dadurch Formen von Denk- und Handlungsfreiheit ein. Gewohnheiten können sich „verfestigen", bis hin zu zwanghaftem, suchtartigem Verhalten. Hier scheint es einen „Kipppunkt" zu geben, an dem eine Gewohnheit in ein starres Verhaltenskorsett verfällt. Dieser Kipppunkt, so könnten man überlegen, ist dadurch zu verhindern, dass man zwischen der Ausübung einer Gewohnheit und der Möglichkeit der Reflexion einen „Spalt" lässt, einen Reflexionsspalt, der dazu verhilft, über die Gewohnheit nachzudenken und diese zum Thema der Selbstbeobachtung zu machen. Darin liegt vielleicht auch die Freiheit des Menschen: innehalten und über den nächsten Schritt nachdenken zu können – wir haben, wie es John Locke einmal ausgedrückt hat, „in den meisten Fällen die Kraft ..., bei der Verwirklichung und Befriedigung irgendeines Wunsches innezuhalten ..., die Kraft, die Verfolgung dieses oder jenes Wunsches zu unterbrechen".[68] Mit diesem Verständnis von Freiheit könnte man auch den Doppeleffekt von Gewohnheiten in den Griff bekommen – es gilt bei abzulehnenden Gewohnheiten die Freiheit, innezuhalten und einen anderen Akzent als den gewohnheitsmäßigen zu setzen; es gilt bei wünschenswerten Gewohnheiten, gegen die sich der Widerstand der Bequemlichkeit oder ein anderes Hindernis wenden mag, die Freiheit, sich an die ursprüngliche Motivation zu erinnern, wie wir es im Gewohnheitsexperiment von Edith gesehen haben.

Der rechte Umgang mit Gewohnheiten ist dann auch eine pädagogische Frage: Wie kann man sich in Bezug auf Gewohnheiten selbst erziehen, welche Rolle sollen Gewohnheiten in der Erziehungsarbeit spielen? Überlegungen zur Pädagogik von Gewohnheiten finden wir bei Michel de Montaigne, im Kapitel 23 des ersten Buches seiner „Essais". Er beschreibt die Gewohnheit als einen Schullehrer, der uns stetig, sanft beginnend, aber unerbittlich seine Autorität auferlegt, die dann tyrannenhaft wird. Der Anfang einer Gewohnheit ist sanft, unmerklich, ein kleiner Schritt. Dann gewinnt die Gewohnheit immer größere Macht über uns, eines Tages sind wir ihr hörig. Die sanften Anfänge sollen, gerade in der Kindheit und Jugend, ernst genommen werden. Montaigne gibt hier den pädagogischen Rat, bei Kindern auf Kleinigkeiten zu achten, auf kleine Dispositionen, die sich zu Gewohnheiten verfestigen könnten. Kinder sollten dazu ermuntert werden, darauf zu achten, wie sich eine Handlungsform zu einer gewohnheitsmäßigen Haltung verfestigen könne. Gewohnheiten, die sich in der Kindheit ausbilden, legen den Grundstein für spätere Entwicklungswege. William James hatte einen ähnlichen Gedanken: Gewohnheiten werden mit zunehmendem Lebensalter rigider, härter und starrer; Schritt für Schritt kann man deswegen durch die Gewohnheiten, die man sich aneignet, oder auch durch die Gewohnheiten, die man aus Bequemlichkeit zulässt, in eine Hölle geraten. „Wenn die jungen Menschen nur erkennen würden, wie schnell sie zu einem wandelnden Bündel von Gewohnheiten geworden sind ...“[69] Hier findet sich also in diesen philosophischen Überlegungen ein pädagogischer Hinweis, nämlich die Betonung einer Pädagogik der Gewohnheiten. Hier finden wir den Rat, das Augenmerk auf die Anfänge der Gewohnheitsbildung zu legen und Erziehung, um es in anderen Worten zu sagen, als Begleitung auf dem Weg zu guten Gewohnheiten zu sehen. Gewohnheiten strukturieren Handlungsmöglichkeiten. Gleichzeitig ist es beeindruckend, wie Menschen sich an Strukturen anpassen können, woran sich Menschen gewöhnen können, was sie dadurch meistern können, dass sie sich Gewohnheiten aneignen. Man kann sich hier überlegen, ob es als Kriterium der Beherrschung einer Lebenssituation gelten kann, wenn man sich an sie gewöhnt hat. Montaigne schreibt über einen Kirchturm in der Nähe seines Bibliotheksturms, der ihm als Rückzugsort für seine Arbeit diente. Jeden Tag intonierten die Glocken das Ave Maria; anfangs habe er dies unerträglich gefunden, nach einiger Zeit habe er sich daran gewöhnt und könne nun sogar ungestört schlafen. Montaigne führt das Beispiel eines Mannes in seiner Heimatstadt Nantes an, der, ohne Arme geboren, alle Handlungen des Alltags mit seinen Füßen durchführt, routiniert und in selbstverständlichem Handlungsfluss. Montaigne verwendet schließ-

lich im Rahmen seines Textes über Gewohnheiten noch
einigen Raum darauf, anhand von vielen Beispielen auf
den Umstand hinzuweisen, dass unterschiedliche Kulturen unterschiedliche Gewohnheiten ausbilden und
in unterschiedlichen Kulturen unterschiedliche Praktiken als „normal" angesehen werden. Aus diesem Grund
kann der Erziehungsprozess auch als Eingewöhnung in
kulturelle Selbstverständlichkeiten angesehen werden.

Die schillernde Bedeutung von Gewohnheiten lässt
sich an den Unterscheidungen und Metaphern ablesen,
die im Laufe der Philosophiegeschichte eingeführt wurden: Wir finden die Unterscheidung zwischen Quelle
und Ergebnis – eine Gewohnheit kann Quelle und Ausgangspunkt, Grundlage und Anfang des Handelns sein,
aber auch Resultat und Konsequenz von (wiederholten)
Handlungen; eine Gewohnheit kann eine Fähigkeit sein
(Autofahren), aber auch eine Verhaltensdisposition.
Neben diesen Unterscheidungen finden wir Metaphern.
Augustinus spricht in seinen „Bekenntnissen" vom (rei-
ßenden) Strom der Gewohnheit, dem man sich schwer
widersetzen könne: „Aber wehe über dich, du Strom
menschlicher Gewohnheit! Wer widersteht dir, oder
wann wirst du endlich versiegen? Wie lange noch wirst
du die Evaskinder in jenes schreckliche Meer mit dir
reißen, über das doch kaum die sicher gelangen, welche das Schifflein der Kirche bestiegen?"[70] Augustinus
stellt hier die Kirche als Bollwerk gegen die schlechten
Gewohnheiten dar, gegen das, was Montaigne später als

das kulturell Selbstverständliche beschrieben hat. Hier ist wenig vom positiven Gewohnheitsbegriff des Aristoteles zu spüren. Die Gewohnheit ist an dieser Stelle bei Augustinus ein Fluss, ein Bild, das wir auch beim schottischen Philosophen Thomas Reid finden; an einer anderen Stelle verwendet Augustinus das Bild von Ketten für Gewohnheiten: Wenn man der Gewöhnung keinen Widerstand entgegensetzt, wird sie zur Notwendigkeit, zur eisernen Kette, der Kette eines Sklaven gleich;[71] andere Bilder für Gewohnheiten sind die Lehrmeisterin (Montaigne) oder eine Spirale (Ravaisson); Marcel Proust beschrieb Gewohnheiten an einer Stelle in „Auf der Suche nach der verlorenen Zeit" als einen dichten und schweren Vorhang, der uns daran hindere, die Welt zu sehen und uns selbst kennenzulernen. Clare Carlisle schlägt die Metapher eines gebahnten Pfades vor, also eines vorbereiteten Weges, der die Fortbewegung erleichtert und eine Richtung vorgibt.[72] Hier bleibt stets die Frage: Wohin soll der Weg führen? Gewohnheiten sind gerade deswegen ein ernst zu nehmender Gegenstand philosophischen Nachdenkens, führen sie doch zu den existenziellen Fragen: Wer bin ich? Wer will ich eigentlich sein?

Angeln nach dem Angelpunkt

6

Was soll ich nun aber ändern? Warum bei Gewohnheiten anfangen? Gewohnheiten, so könnte eine Antwort lauten, sind vertraute Begleiter auf dem Lebensweg; sind wie ein Flussbett, in dem der Lebensstrom dahinfließt; Gewohnheiten sind Rückgrat und Halteleine. Und gerade weil sie Halt geben und zur zweiten Natur werden, können Gewohnheiten auch versteinern und zu verfestigten Lebensmustern werden, aus denen wir nicht mehr auszubrechen vermögen; unmerklich nehmen sie von uns und unserem Leben Besitz.

Die 1865 verstorbene englische Schriftstellerin Elizabeth Gaskell hat Gewohnheiten, nicht unähnlich dem erwähnten Gedanken von Augustinus, mit Ketten verglichen, die sich im frühen häuslichen Alltag herausbilden, ohne dass sich ein Kind dagegen wehren kann. Nur die wenigsten hätten dann die Kraft, sich aus diesen Ketten zu befreien.[73] Man wird, so die Idee, in einen Haushalt mit seinem Rhythmus hineingeboren, wird Teil eines Lebens, in dem sich Tag für Tag Abläufe wiederholen, und unmerklich wird diese Struktur zur zweiten Natur, fesselt den Menschen an eine Form, der er sich kaum mehr entziehen kann. Tatsächlich sind Prozesse der Gewöhnung schleichend; hier gibt es nicht den Punkt, an dem eindeutig feststeht: Jetzt hast du dich daran gewöhnt! Doch es geschieht; wir denken schließlich über das, was wir tun, oftmals gar nicht groß nach, denn die meiste Zeit tun wir das, was wir die meiste Zeit tun. Wiederholung entlastet, kann aber auch zum Käfig werden. Und dann findet man sich plötzlich am 2. Februar wieder: Die 1993 entstandene Filmkomödie *Und täglich grüßt das Murmeltier* zeigt uns einen Mann, der in einer Zeitschleife feststeckt und immer wieder den 2. Februar durchlebt, denselben Tag, immer wieder. Langsam lernt er, die Spielräume, die ein Tag bietet, zu nutzen und die Wiederholung als einen Rahmen zu sehen.

Viele von uns haben Aspekte in ihrem Leben, die an das Murmeltiermotiv erinnern. Burn-out hat auch mit der Erfahrung „Es ist immer dasselbe" zu tun; eine Lehrerin, die Jahr für Jahr dasselbe unterrichtet; ein Priester, der die Gemeinde Jahr für Jahr durch Fastenzeit, Ostern, Pfingsten, Advent, Weihnachten begleitet; ein Fabrikarbeiter, der bis auf die Urlaubszeit Woche für Woche in monotoner Arbeit gefangen ist. Gonçalo M. Tavares beschreibt in seinem Roman „Joseph Walsers Maschine" das monotone Leben eines Arbeiters: „Joseph Walser führte ein diszipliniertes Leben. Er stand um sieben Uhr auf, rasierte sich und nahm ein schnelles Frühstück ein. Um halb neun betrat er die Fabrik ... Von dreizehn bis vierzehn Uhr aß er zu Mittag. Um sechs Uhr abends verließ er die Fabrik und kehrte nach Hause zurück, zu Fuß ... Margha Walser empfing ihren Ehemann für gewöhnlich mit einem flüchtigen Kuss. Sie hatten keine Kinder, ihr Alltag verlief ruhig."[74] Walser hüllte sich, so wird es beschrieben, in schützende Gewohnheiten ein, weil er mit einer gefährlichen Maschine arbeitete, die „präzise Aufmerksamkeit" verlangte und der gegenüber er sich in einem Kriegszustand befand. Die Maschine „bedrohte ... ihn auch unentwegt, ohne Pause".[75] Walser hätte nicht die Kraft gehabt, nach einem Ausgangspunkt für eine Gewohnheitsveränderung zu suchen, weil ihm das Leben zu viel abverlangte und die Wiederholung ihn schonte. Das Murmeltiermotiv war hier der Lebensgefahr, in der er sich täglich befand, geschuldet.

Andere Menschen, andere Sorgen: Auf hohem Niveau klagend, beschwerte sich ein Manager bei mir, dass er es leid sei, Flughafen, Flugzeug, Flughafen, Besprechungsraum, Hotelzimmer, Flughafen zu sehen. Das Murmeltier als Sinnbild für Wiederholung tritt auf viele verschiedene Weisen in unser Leben. Nun kommt es darauf an, einen Angelpunkt zu finden – einen Punkt, an dem eine Veränderung ansetzen, an dem der Murmeltiereffekt durchbrochen werden kann. An dem man den Vorsatz fasst, sich etwas abzugewöhnen oder sich etwas anzugewöhnen. Das ist schließlich der Clou von Neujahrsvorsätzen oder dem Entschluss: Du sollst dein Leben ändern. Aber an welchem Punkt?

Das ist die Frage nach dem Angelpunkt. Johannes Cassian, der im 4. und 5. Jahrhundert n. Chr. in Palästina und Ägypten viele Gespräche mit geistlichen Meistern seiner Zeit geführt hatte, kam zu dem Schluss, dass es eigentlich nicht von Belang sei, an welchem Punkt man in der Veränderung von Lebensgewohnheiten beginne, da sämtliche gewohnheitsmäßigen Fehlhaltungen der Seele miteinander zusammenhingen. Solange der moralische Kompass stimme, also klar sei, an welchen Werten man sich orientieren wolle, sei die Wahl des ersten Schritts zweitrangig. Cassian zielt in seinen Überlegungen auf die berühmten Laster ab, auf Maßlosigkeit, Zorn, innere Trockenheit und Trägheit, Gier. Aufgrund ihres inneren Zusammenhangs sei es nicht wichtig, wo man ansetze. Die Frage nach dem Angelpunkt wird, so könnte man festhalten, zweitrangig, wenn die Richtung klar ist, der Orientierungspunkt. Den Orientierungspunkt kann man entweder in einer Vorstellung gelingenden Lebens ansetzen oder negativ in Vorstellungen von „höllischen Lebensformen", die es unbedingt zu meiden gilt. Hilfreiche Hinweise liefern religiöse und spirituelle Traditionen – Freiheit als „Überwindung von Abhängigkeiten" beispielsweise, Hölle als Ort der Gesichtslosigkeit, als Ort ohne Persönlichkeit und ohne Blickkontakt.[76] Auf diese Weise kann man Orientierungspunkte gewinnen, einen Sinn für die Richtung, in die die Lebensveränderung gehen soll.

Freilich, zu wissen, dass es nicht wirklich entscheidend ist, an welchem Punkt man ansetzt, ist noch keine Antwort auf die Frage, wo man mit einer Lebensänderung nun eigentlich beginnen sollte. Wenn das Leben nun aber eine gewisse Form bekommen hat, wird sich bei einer anstehenden Lebensveränderung die Frage nach dem Punkt, an dem die Veränderung einsetzen sollte, stellen. Ich habe einen liebenswürdigen englischen Priester gefragt, ob er sich nicht auf ein 30-Tage-Experiment einlassen und täglich einen Monat lang eine einzige Gewohnheit konsequent ändern wolle; er sah mich etwas überrascht an und meinte dann: „Ich bin eigentlich ganz zufrieden mit meinem Leben." Im Grunde ein desaströser Satz, sozusagen das Eingeständnis spiritueller Resignation; aber vor dem Hintergrund seines von Unsicherheiten geprägten Lebens, das sich an Gewohnheiten festhält, verständlich. Wo kein Wille zur Veränderung, da auch keine Suche nach einem Angelpunkt. Mein neunjähriger Sohn hat es ebenso gehalten – sein Neujahrsvorsatz, nach reiflicher Überlegung und unter Aufbietung sämtlichen verfügbaren Selbstbewusstseins formuliert, lautete (in einer Zeichnung verewigt): „Ich will so bleiben, wie ich bin."

Ich lud eine Ordensschwester ein, einen Monat lang mit einer Gewohnheit zu experimentieren. Die Idee leuchtete ihr sofort ein – wenn ich etwas Kleines ändere, dann ändert sich gleich so vieles. Aber was soll ich nun eigentlich ändern? Allein diese Frage ist von großem ethischem Gewicht. Schwester Maria dachte über ihre Gewohnheiten nach: Was sind sie, die guten Gewohnheiten? Wohne ich gut in meinen Gewohnheiten? Es braucht gute Gewohnheiten, um nicht täglich alles neu erfinden zu müssen, das entlastet. Es gibt aber auch lebensfeindliche Gewohnheiten, die belastend und entfremdend wirken, „von mir selbst wegführend". Sie dachte an „eingefleischte Gewohnheiten", „so eingefleischt, dass sie mir gar nicht mehr bewusst sind", „dass *sie erst in der Reflexion bewusst werden, virulent werden, sich erst auf Nachfrage melden", „dass sie schon ganz zu mir gehören".* Hier drängte sich ihr die Frage auf: Wohin führen mich meine Gewohnheiten? Diese Frage wurde ihr zum Kriterium für die Identifikation eines Angelpunktes. Was sind die Konsequenzen von Gewohnheiten, was bringen sie an Früchten hervor? Welchen zweiten und dritten Schritt erzwingt die Kraft einer Gewohnheit, wenn einmal der erste Schritt gesetzt ist? Sie entschied sich dann für die Übung, sich nicht mehr dreimal am Tag, sondern nur mehr einmal am Tag bei Facebook einzuloggen, weil sie den Eindruck hatte, dass sie zu viel Zeit vor dem Bildschirm verbrachte, auf Kosten der geteilten Zeit mit Menschen.

Die Suche nach dem Angelpunkt für die Veränderung ist die Suche nach Kriterien – hier könnten Fragen helfen: Welche Gewohnheit belastet dich schon, schadet dir, macht sich schon in ihren zerstörerischen Auswirkungen bemerkbar? Welche Gewohnheit fehlt dir, wo ist eine Leerstelle? Wie steht es um deine „Schlüsselgewohnheiten" („keystone habits")? Wie sehen sie aus und wie bewähren sie sich? Die Entscheidung für einen Angelpunkt muss ein Gefühl von „Weite" und „Trost" vermitteln, wie das Ignatius von Loyola als Kriterium guter Entscheidungen beschrieben hat. Die Entscheidung muss richtig „schmecken". Wenn das Herz weit wird und sich ein Mehr an Lebenskraft zeigt, dann ist die Entscheidung richtig. Und immer kann Johannes

Cassians Hinweis entlasten, dass es im Grunde nicht ganz falsch sein könne, solange der moralische Kompass stimme.

Eine einfache Unterstützung bei der Suche nach einem Angelpunkt ist die Frage nach dem Anfangen: Wenn es einen offensichtlich sinnvollen Tagesabschnitt gibt, an dem Gewohnheiten und Gewohnheitsveränderungen ansetzen könnten, dann ist es der Tagesbeginn. „Ich möchte eine Viertelstunde früher aufstehen", könnte ein derartiger Vorsatz lauten, übrigens eine ausgezeichnete Idee, die die Lebensqualität, wenn man es schafft, auf gute Weise steigern kann. Der Morgen entscheidet in vielem über den Verlauf des Tages. Angelo Roncalli (Papst Johannes XXIII.) hatte damit zu kämpfen, aus dem Bett zu kommen, die Bedeutung des Tagesbeginns erkannt und um die Gewohnheit des früheren Aufstehens gerungen. „Vom Aufstehen zur genauen Zeit und ohne Verzögerung hängt der gute Ablauf des Tages ab", hält Roncalli im Jahr 1909 als Bischofssekretär fest. Als Bischof wird er später schreiben, dass es klug sei, jeden Morgen einen Leitgedanken für den ganzen Tag zu fassen. Der Tagesanfang entscheide – ganz im Sinne des Dominoeffekts – über den restlichen Tag.[77] An diesem Punkt wollte auch Josefa im Rahmen eines 30-Tage-Experiments ansetzen. Berufstätig, verheiratet, Kinder, deswegen auch jeder Tag knapp und kurz, hat sie sich ebendieses Projekts angenommen: früher aufstehen. Es sollte zur neuen, guten Gewohnheit werden. Sie nimmt sich also vor: *„Ich stehe früher auf als notwendig"*, und übt diese neue Gewohnheit einen Monat lang ein. Die Motivation: Morgenstress, sie erreicht den Zug zur Arbeit durch das knappe Aufstehen gerade eben noch, aber es geht sich alles nur sehr knapp aus. Die Erfahrung: geschenkte Zeit! Länger Zeitung lesen können, eine kurze Zeitspanne zum Herumtrödeln haben, Reisevorbereitungen in Ruhe treffen können, einen morgendlichen Gartenrundgang machen. Selbst wenn es nur zehn Minuten sind, die der Tag früher beginnt, wirkt sich das auf das Klima des ganzen Tages aus. Begriffe wie „gemütlich", „ohne Hektik", „genieße bewusst", „ruhiger Tagesbeginn" durchziehen die Schilderung dieser Erfahrung. Das Aneignen einer neuen Gewohnheit fällt leichter, wenn sich diese belohnenden Erfahrungen einstellen – wie etwa *„das Gefühl, am Morgen für eine gewisse Weile ,mehr als genug Zeit' zu haben".* Hier deutet sich mit einer winzigen Lebensveränderung eine Erfahrung von Fülle an *(„es ist mehr als genug Zeit da, gerade weil ich nicht so knapp kalkuliere, dass ich erst dann aufstehe, wenn unbedingt notwendig").* Natürlich gibt es „Rückfälle" (20. Tag: *„verschlafen"*), Hindernisse lassen sich schwer voraussagen – nach zwei Wochen mehr oder weniger mühelosen Früheraufstehens schleicht sich eine schlechtere Erfahrung ein: *„Aufstehen fiel mir deutlich schwerer als an den Tagen zuvor; Zeit dann jedoch genossen."* Nach knapp vier Wochen: *„Warum habe ich nie probiert, früher als notwendig aufzustehen? Mitt-*

lerweile hat sich ein gewisser Rhythmus eingestellt." Hier ist ein „Kipppunkt" erreicht, an dem das Verhalten sich langsam zur Gewohnheit verfestigt („gewisser Rhythmus") – und nicht nur Alltag möglich wird, sondern auch ein Mehr an Lebenskraft, was die Veränderung anderer Gewohnheiten nach sich ziehen kann. Hier folgen Gewohnheiten einer Entstehungslogik: zunächst der Entschluss, sich etwas anzugewöhnen (man entscheidet sich dafür, sich mit der neuen Kaffeemaschine anzufreunden), dann das Stadium, in dem man möglichst viel Informationen und Wissen sammelt, um die Gewohnheit einfach „kondensieren" zu können (man liest die relevanten Gebrauchsanweisungen), schließlich die Phase des Übens und Einübens (man setzt die Kaffeemaschine immer wieder in Betrieb) – so lange, bis der Gebrauch der Kaffeemaschine routinemäßig erfolgt, ohne größeres Nachdenken.[78] Entscheidend für diese dritte Phase ist nicht mehr die Identifikation eines Angelpunkts, sondern die Frage nach dem Rahmen.

Die richtige Umgebung: Regelmäßigkeit und Wiederholen

,7

Warum scheitern viele Versuche einer Veränderung? Warum ist es so schwer, sich zu verändern? Der australische Change-Management-Experte Les Robinson nennt als einen Grund das Fehlen einer „ermöglichenden" und „ermächtigenden" Umgebung, das Fehlen von „enabling environment".[79] Eine gute Umgebung hat eine soziale Dimension – bau dir eine unterstützende Gemeinschaft! – und macht es einfacher, die Gewohnheit zu üben, und gleichzeitig schwerer, die Gewohnheit nicht zu pflegen. Art Markman hat die Einbeziehung von Menschen in eine Gewohnheitsveränderung empfohlen – gerade auch den Kontakt zu solchen, die die erwünschte Gewohnheit bereits praktizieren.[80] Das ist eine Frage der Umgebung. Im Falle von Ediths Gewohnheit des Tagebuchschreibens haben wir Erwartungsdruck als einen Aspekt der Gewohnheitspflege erkannt, das eigens angeschaffte Notizheft, um die Hemmschwelle möglichst herabzusetzen. Robinson berichtet von der erfolgreichen Einführung eines Ernährungsprogramms in Bangladesch. Eine Organisation hat es geschafft, Frauengruppen (EKATA-Gruppen) zu bilden, die sich regelmäßig trafen und sich über Ernährungsfragen austauschten.[81] Dadurch entstand eine ermächtigende Umgebung. Ähnlich hat Muhamad Yunus sein System der Mikrokredite für Frauengruppen aufgebaut, die regelmäßig zusammenkamen und über Erwartungsdruck und gegenseitige Bestärkung die Kreditzahlungen verwalteten und ihre finanziellen Gewohnheiten anpassten.

Eine gute Illustration für die Bedeutung der rechten Umgebung bildet Herberts Erfahrung. Herbert pendelt mit der Lokalbahn zu seinem Arbeitsplatz und hat sich auf ein 30-Tage-Experiment eingelassen mit dem Vorsatz, sich das Führen eines Tagebuches zur täglichen Gewohnheit zu machen. Er baut an einer geeigneten Umgebung und Struktur *„mit der Anschaffung eines netbook, das mir den Einstieg erleichtert, auch unterwegs zu schreiben und Gedanken und Erlebnisse festzuhalten"*. Anfangs wirkt „die Gewohnheit", nach Herberts Worten, *„noch spontan"*, was ihr Vitalität, aber auch Instabilität verleiht. Am siebten Tag hält er fest: *„Tagebuch-Schreiben als neue Gewohnheit ist leicht eingeführt, fällt zusammen mit einer schon lange vorgedachten Praxis, Gedanken und Erlebnisse festzuhalten."* Mit diesem Wort ist angedeutet, dass er die neue Praxis schon mental vorstrukturiert, vielleicht: innerlich antizipiert hat. Wir können uns erfahrungsgemäß auf Situationen, die wir „im Geiste durchspielen", leichter einstellen; das Instrument der mentalen Vorwegnahme ist für die Einführung einer neuen Gewohnheit sicherlich von Nutzen. Herbert schwankt zwischen Flüchtigkeit und Flexibilität: *„Die Gewohnheit flexibel einzuführen (Uhrzeit, Ort) hilft mir dabei, sie regelmäßig einzubauen, sie lebt mit mir mit. Es ist allerdings schwieriger, nicht darauf zu vergessen, und es fühlt sich weniger nach Einschleifen, nach Einmeißeln an (im Guten wie im Schlechten), als vorgestellt."* Wie viel Beweglichkeit in der Gestaltung der

Gewohnheitsumgebung ist förderlich, wie viel eher ge-
wohnheitsbedrohend? Nach 14 Tagen wirkt die Pflege
der Gewohnheit für Herbert jedenfalls tatsächlich wie
das Ausüben einer echten Gewohnheit: *„Nach ca. zwei
Wochen habe ich das Gefühl, dass ich etwas Etabliertes
mache, nicht mehr etwas Außergewöhnliches. Etwas, das
zu meinem Leben gehört, zu meiner Alltagspraxis. Neben
den Mühen der Ebene kommt jetzt eine ruhige Gewissheit, dass dies Teil meines Lebens wird, ist.“* Die Formulierung „etwas, das zu meinem Leben gehört“, ist eine
Anspielung auf das angesprochene Motiv der „zweiten
Natur“; die Gewohnheit ist Teil dessen geworden, was
Leben und Persönlichkeit ausmacht.

Herbert kommt bei der Gestaltung der Gewohnheit
die tägliche Zugfahrt zugute: *„Mein Rahmen ist die Zugfahrt, an 'Werktagen', das ist ein slot, der da ist, über den
ich völlig frei verfügen kann, der sich zur Reflexion schön
eignet.“* Herbert bemüht sich, die Zugfahrt bestmöglich
als Umgebung für seine neue Gewohnheit zu sehen und
für die neue Gewohnheit zu nutzen. Damit sind allerdings Opportunitätskosten verbunden – das Verfolgen
einer Gewohnheit geht auf Kosten anderer Aktivitäten.
Herbert führt an: *„Ich gebe dafür auf: Lektüre, Gespräche (eher doch vorgereiht), selten: ein gedankenverlore-
nes Ausspannen, Träumen.“* Mitunter trifft Herbert einen
Bekannten im Zug und muss die Gewohnheit, um nicht
unhöflich zu erscheinen, aussetzen – auch dieser Aspekt der Opportunitätskosten ist ein wichtiger bei der

Gestaltung der Gewohnheitsumgebung, wie auch die Definition des Punktes, an dem die Gewohnheit anderem weichen muss, hier einem Gespräch. Das hat wohl auch mit dem sozialen Status einer Gewohnheit zu tun – ein frommer Mensch, der im öffentlichen Raum eines Zuges gewohnheitsmäßig seine Gebetsverpflichtungen erfüllt, oder eine unter Druck stehende Professorin, die es sich zur Gewohnheit gemacht hat, im Zug ihre Vorlesung vorzubereiten, wird tendenziell eher mit der sozialen Akzeptanz ihrer Gewohnheit rechnen können als das „private" Tagebuch. So gesehen hat die Umgebung einer Gewohnheit auch mit Fragen des sozialen Gewichts einer Gewohnheit zu tun.

Herbert macht die Erfahrung, dass er die Gewohnheit nicht durchhalten kann, wenn er nicht die Zugfahrt nutzt, am Wochenende und abends daheim mit der Familiendynamik ist die Pflege der Gewohnheit nicht möglich – *„da ist kein Platz dafür, die Zeit immer zu knapp"*. Am 15. Tag meldet sich die Stimme der Versuchung, die in fast allen 30-Tage-Experimenten eine Rolle spielt: *„Es scheint ein wenig die Luft draußen zu sein, der erste Neuigkeitseffekt hat sich abgeschwächt, nun zeigt sich wahrscheinlich die wirkliche Kraft des Tuns, die Wirkung der Gewohnheit, das Eingewöhnt-Sein, das Zu-Hause-Sein in diesem Tun. An eine neue Wohnung gewöhnt man sich binnen dreier Tage – man hat aber kaum je eine Alternative dazu – man kann nicht nicht wohnen. Eine Gewohnheit kann man bleiben lassen. Da mein Unternehmen ein*

Surplus ist, den ich lassen kann, muss ich nun gegen dieses Lassen ankämpfen, den Wall stärken und mit (leichter) Anstrengung, mit Aufwand arbeiten, tun." Ebendies ist eine Frage der Gestaltung der ermöglichenden und ermächtigenden Umgebung, die die Gewohnheit ohne allzu große Anstrengung fördert. Herberts Liste von „Widrigkeiten", die ihn an der Pflege der Gewohnheit, auf der täglichen Zugfahrt ein Tagebuch zu führen, hindern, lauten nach einem Monat: Gespräche mit Bekannten, Müdigkeit, Hitze, ein Zuviel an Eindrücken.

Durch die neue Gewohnheit verändern sich auch Wahrnehmungsmuster: *„Das Tagebuch hilft, mehr Wertschätzung für alles Lebendige, das mir entgegenkommt, zu fühlen; wacher und reflektierter durch den Tag zu gehen, tiefer einzusehen."* An Tag 26 notiert Herbert: *„Die Gewohnheit zeigt sich darin, dass ich aufmerksamer wahrnehme, was es wert ist, festgehalten zu werden, untertags, Momente, Blicke, die sonst sofort verloren gehen würden – ohne jenen entfremdenden Aspekt, der der Urlaubsfotografie im digitalen Zeitalter eigen zu sein scheint: alles einfangen zu wollen und damit immer auf Distanz zu bleiben, nicht wirklich vor Ort, sondern nur hinter der Linse zu sein."* Die Gewohnheit führt zur Aneignung einer zusätzlichen Einordnungsmöglichkeit, ohne die Erlebnisebene einzubüßen. Herbert berichtet auch von anderen Effekten: *„Die konkrete Gewohnheit des Tagesbuch-Schreibens stabilisiert mich ungemein. Schafft einen Ort außerhalb des Trubels, der Waschma-*

schine des Lebens, einen Rahmen-Ort, an dem ich sicher vor Anker gehen kann, Ballast und Gaben, Geschenke abladen, sichern kann, um dann gesicherter, freier, bereichert und erleichtert gleichzeitig wieder in See zu stechen." Die mit der neuen Gewohnheit verbundenen Glücksmomente wirken motivierend: *„Die Freude, die Kraft der Erfahrung, der gelingenden Übung hängt auch an der Kraft der Einsichten, die einsehbar sind, an der Tiefe und Tragweite der Begegnungen, die ich festhalten und reflektieren kann, an meiner Bereitschaft und meinem Wollen, in introspektive Schmerzzonen zu gehen, an der bunten Äußerlichkeit von Anlässen, Begegnungen, neuen Bekanntschaften, an Situationen der deutlichen Anerkennung."* Erfolgserlebnisse halten die Gewohnheit am Brennen.

Das Fazit nach einem Monat ist wiederum ein Hinweis auf die Bedeutung der rechten Umgebung. *„Als Gewohnheit hängt es sehr am Äußeren: meine Lokalbahnfahrten, bei denen ich abgeschottet von anderem einen guten Reflexionsmoment finde – sowohl morgens, als Wiederholen, des vergangenen Tages/der vergangenen Tage, als auch abends, als Resümee nach einem Tag voller Begegnungen. Am Äußeren hängen bedeutet für mich auch: Ich fahre und denke in einem anderen Modus, die Gewohnheit ist eine besondere Art des Lokalbahnfahrens, nicht eine reine, neue Gewohnheit. So meine Empfindung. Es bleibt das Gefühl, einen neuen Erlebnismodus gefunden zu haben."* Es geht, so Herbert in einer gelungenen

Formulierung, um *„den guten Zugang zu Möglichkeiten der Übung, der Pflege".* Dieser Zugang zu Möglichkeiten der Gewohnheitspflege ist vor allem eine Frage der angemessenen Umgebung.

Die Veränderung einer Gewohnheit ist also auf eine Umgebung angewiesen, in der entsprechende konkrete, kleine Schritte stattfinden. BJ Fogg, Direktor des Persuasive Tech Lab der Stanford University, hat sich Nietzsches Gedanken der „kurzen Gewohnheiten" („tiny habits") zu eigen gemacht und geht davon aus, dass menschliches Verhalten langfristig durch drei Faktoren verändert werden könne: durch ein „Offenbarungsereignis", das also den Anstoß gibt und Klarheit schafft; eine Veränderung der Umwelt; den Beginn mit kleinen Anfängen („baby steps").[82] Diese Einsichten sind durchaus tröstlich, gehen sie doch davon aus, dass kleine Schritte zu großen, nachhaltigen Veränderungen führen können, wenn sie in einen angemessenen Rahmen gesetzt werden. Die Gestaltung der Umgebung ist deswegen von entscheidender Bedeutung. Thomas Mann beispielsweise hatte sich eine solche Umgebung zurechtgelegt – nach dem Frühstück zog er sich um neun Uhr in sein Arbeitszimmer zurück, um dort drei Stunden hinter verschlossener Tür zu arbeiten; seine Familie musste während dieser Zeit auf Zehenspitzen gehen und mucksmäuschenstill sein. Erst um zwölf Uhr erfolgte die „Entwarnung".[83] Die Umgebung passte sich der Gewohnheit an, bildete den Rahmen für die Pflege der Schreibgewohnheit. Mit anderen Worten: Wenn du eine Gewohnheit verändern willst, musst du einen geeigneten, hilfreichen äußeren Rahmen schaffen. Ludwig Wittgenstein sprach seinerzeit von der „Umgebung" einer sprachlichen Äußerung.[84] Eine Äußerung ist nur im Rahmen der rechten Umgebung verständlich – ein Hund, so das Beispiel, könne nicht „heucheln", dafür fehle dem Benehmen die richtige Umgebung. Die Veränderung einer Gewohnheit ist ebenfalls auf eine entsprechende Umgebung angewiesen, physisch wie sozial. Es geht um die entsprechende Infrastruktur, es geht um das entsprechende unterstützende soziale Umfeld, es geht um die Gestaltung einer Alltagsstruktur, die es leicht macht, eine Gewohnheit zu pflegen. Wenn ich beispielsweise während der Fastenzeit auf Alkohol verzichte, bewege ich mich in einer Umgebung, in der viele Menschen Ähnliches tun und den Alkoholverzicht verstehen und bestärken. Außerhalb der Fastenzeit ist es ungleich schwieriger. Bei einem Besuch in Peking wurde einer Delegation meiner Universität klar, dass man entweder von vornherein jeglichen Alkohol ablehnen müsse oder sonst gezwungen sei, bei einer Einladung „viel" zu trinken; die Gastfreundschaft hatte keine geeignete Umgebung für gemäßigten Alkoholkonsum aufgebaut. Hier sieht man, dass neben einer sozialen Dimension der Umgebung auch eine kulturelle Dimension eine wichtige Rolle spielt. Bestimmte Kulturen machen es leichter, bestimmte Gewohnheiten zu pflegen, wie etwa das Fasten im Ramadan oder während der Fastenzeit.

Die Umgebung ist neben dem Auslöser ein Grundaspekt einer Gewohnheit: Eine Gewohnheit entsteht schließlich dadurch, dass „innere Drehbücher" in einer vertrauten Umgebung auf einen Auslöser hin abgespielt werden; und es liegt durchaus in unserer Macht, die Umgebung und die Verfügbarkeit des Auslösers zu beeinflussen.[85] Trockene Alkoholiker und Alkoholikerinnen werden sich hüten, in einer Umgebung zu wohnen, in der Alkohol leicht zugänglich, in der Wohnzimmerbar zu finden ist etc. Das ist eine Frage der Umgebungsgestaltung. Man kann bestimmte Institutionen wie Kuranstalten oder Klöster als Kontexte verstehen, in denen eine geeignete Umgebung für die Pflege bestimmter Gewohnheiten geschaffen wurde. Wer erinnert sich nicht an den „Asterix"-Band, in dem Majestix auf eine Kur geschickt wird und Obelix die Gewohnheit des Wildschweinessens unerträglich schwer gemacht wird?

Der Blick auf die Umgebung ist nach der Suche nach dem Angelpunkt ein weiterer wichtiger Schritt im Zuge einer Lebensveränderung. Ein Beispiel: Martin, ein Wissenschaftler, dessen Leben vor allem aus Lesen, Schreiben und Lehren besteht, lässt sich auf ein 30-Tage-Experiment ein. Er sucht einen Angelpunkt; er entscheidet sich mit Blick auf ganzheitliche Entwicklung und Persönlichkeitswachstum dafür, sich angesichts seines sehr kopflastigen Berufslebens eine künstlerische Gewohnheit anzueignen. Er möchte regelmäßig kleinere künstlerische Werke schaffen – Zeichnungen, Acrylmalerei, Skizzen. Es ist eine gute Gewohnheit, weil sie erstens mit einer „Neigung" (Martin malt gern) und zweitens mit einem „vernünftigen Grund" (Martin sucht einen Ausgleich zu seiner wissenschaftlichen Arbeit) einhergeht. Die Kultivierung des künstlerischen Talents trägt zum Wachstum bei; hier wird brachliegendes Potenzial gestärkt, eine wenig bemühte Seite der Persönlichkeit geweckt, ein Ausgleich geschaffen, die Idee von Balance und Lebensmaß verfolgt.

Fazit nach einem Monat: *„Insgesamt denke ich, dass die Entscheidung, es mit einer mehr kreativen, musischen Tätigkeit zu probieren, den Verlauf des vergangenen Monats relativ stark geprägt hat. Man wird daher wohl nicht immer alles verallgemeinern können. Es scheint mir nämlich so zu sein, dass sich das Künstlerische tendenziell stärker der Normierung widersetzen kann, als andere Tätigkeiten das können (insofern habe ich für unser Experiment einen größeren Schwierigkeitsgrad gewählt). Ich habe das v. a. daran gemerkt, dass die Zeitdauer, die ich pro Tag investiert habe, doch gewisse Schwankungen aufweist. Die Grundidee war ja, täglich ca. zehn Minuten dafür aufzubringen (was für eine simple Zeichnung an sich reichen würde). In der Praxis sah es dann so aus, dass ich z. B. einen Tag hatte, an dem ich deutlich über eine Stunde investiert habe, an anderen Tagen aber auch*

,Rückschläge' im Sinne der Grundidee erlitten habe ...
Nimmt man die investierte Gesamtzeit über einen Monat,
so liege ich recht gut, was meinen Vorsatz angeht. Was
dagegen nicht so gut geklappt hat (und wo ich daher mit
mir selbst nicht so zufrieden bin), ist die völlig lückenlose
Verteilung dieser Zeit über den gesamten Monat gerech-
net."

Die Herausforderung der guten Gewohnheit besteht
nach der Identifikation eines Angelpunkts in der konsequenten Anwendung im Rahmen einer bestimmten
Umgebung; eine Anwendung in Regelmäßigkeit und
Wiederholung, wie Martin in seinen Aufzeichnungen
festhält: „Ich male an sich ja gern, es gelingt mir aber
nur schwer, wirklich eine Gewohnheit daraus zu machen,
da der anfängliche Enthusiasmus bald wieder den anderen alltäglichen Dingen zum Opfer fällt. Mein Eindruck
ist nun, dass es mit einem fixen Vorsatz (also quasi ‚ri-
tualisiert') zunächst etwas leichter fällt, das anfängliche
‚Feuer' länger zu erhalten. Die erste Woche ist z. B. sehr
gut und produktiv verlaufen, auch die zweite war gut, in
der dritten wurde es dann wieder deutlich schwieriger."
Martin betont nach seinem Selbstversuch auch die Bedeutung der Umgebung: „Gerade bei einer Tätigkeit, die
von Lust und Laune nicht ganz unabhängig ist, denke ich,
ist es wichtig, wenn auch jemand von dem Vorsatz weiß
(wie in unserem Fall eben Du), dem man quasi ‚Rechen-
schaft' ablegen kann/soll. Das kann Ehrgeiz wecken und
in ‚lustlosen' Phasen motivierend wirken." Hier tritt der

Aspekt von Umgebung und Gegenüber zutage, der nach der Entscheidung für einen Angelpunkt ausschlaggebend wird; mach es leicht, die gute Gewohnheit zu verwirklichen, mach es schwerer, dies nicht zu tun. Erhöhe die Ausstiegskosten.

Das mag an Philip Zimbardos Situationstheorie erinnern: Zimbardo hat in den 1970er-Jahren in Stanford das Gefängnisexperiment durchgeführt, das er abbrechen musste, weil es eskalierte. Die Studierenden, die eingeteilt worden waren, Gefängniswärter bzw. Häftling zu spielen, identifizierten sich so stark mit ihren Rollen, dass das Experiment außer Kontrolle geriet. Zimbardo entwickelte daraufhin seine situationale Theorie des Bösen; es beschäftigte ihn, dass bestimmte Faktoren ein Extremverhalten motivieren, das unter gewöhnlichen Umständen undenkbar wäre: Wenn man eine geeignete Rechtfertigung präsentiert, entsprechende vertragliche Rahmenbedingungen und damit ein Geflecht von Verpflichtungen herstellt, wenn man entsprechende Rollenmodelle präsentiert, wenn man den Teilhabenden „bedeutungsvolle Rollen" zuteilt, wenn man die Semantik verändert (etwa nicht von „Folter", sondern von „Lernunterstützung" spricht, nicht von „Spekulation", sondern von „Vermögensoptimierung"), wenn man Verantwortlichkeiten so verteilt, dass es zu Dynamiken diffuser Verantwortung kommt, wenn man mit je kleinen Schritten die Größenordnungen steigert und wenn man die Ausstiegskosten entsprechend erhöht – wenn man all dies bedenkt, ist die Wahrscheinlichkeit, dass sich jemand auf ein Verhaltensmuster einlässt, das unter gewöhnlichen Bedingungen undenkbar ist, sehr hoch.[86] Nun kann man diese Einsichten auch für die Idee guter Gewohnheiten nutzen: die Kosten des Ausstiegs aus guten Gewohnheiten erhöhen, Vorbilder schaffen, eine klare Abmachung und Vereinbarung. So verwundert es nicht, dass manche geistliche Meister dazu raten, Vorsätze im Sinne von „Vereinbarungen mit mir selbst" schriftlich festzuhalten, prägnant und klar, weil Klarheit die Bindungskraft erhöhen kann. Schwächer wird sie nach Martins Erfahrung, was uns noch im Zusammenhang mit „Versuchungen" beschäftigen wird, wenn Ausnahmen zugelassen werden: *„Was meinem Eindruck nach sehr wichtig ist, ist das möglichst lange ungebrochene Durchhalten zum Beginn. Solange man eine ‚perfekte' Reihe etabliert hat, ist die Motivation, diese zu halten, sehr groß. Wenn man – aus welchem Grund auch immer – einmal einen ‚Rückschlag' hatte, wird es etwas schwerer, die ‚Disziplin' aufrechtzuerhalten, weil es dann quasi einen ‚Präzedenzfall' gibt, auf den man sich herausreden könnte. Sobald die ‚Perfektion' verloren ist, bricht also zunächst einmal ein wichtiger Baustein weg, den man kompensieren muss. Es braucht dann etwas anderes, woran man seinen Ehrgeiz wieder aufrichtet."*

Hier werden zwei Gedanken transportiert. Erstens: Der Schritt von einer Regel zu einer ersten Ausnahme ist größer als der Schritt von einer ersten zu einer zweiten Ausnahme; die Schritte werden mit Entfernung vom Ideal immer kleiner. Zweitens: Die Motivation der „Bewahrung von Reinheit/Perfektion" ist eine andere als die Motivation einer „Wiederherstellung eines ehemals perfekten Zustands". Hier sind motivationale Anpassungen durchzuführen, die Umgebung hat sich verändert. Mit Blick auf die Umgebung denkt Martin über Hindernisse nach, die sich seinem Vorhaben entgegenstellten: *„Was waren in meinem Fall Gründe für ‚Rückschläge'? ‚Gefährlich' (in diesem Sinne) sind Situationen, die die erstrebte Kontinuität durchbrechen bzw. die Rahmenbedingungen verändern. Man darf da bei der Einschätzung wohl nicht ‚soziologieblind' sein. Ein Beispiel: Ein längerer, an sich aber gewöhnlicher Uni-Arbeitstag – am Abend dann noch ein unvorhergesehenes, arbeitsbezogenes Problem (mit gewissem Stressfaktor), das man des guten Gewissens wegen dann doch noch bis zum Folgetag lösen möchte und das einen manch anderes zurückstellen lässt. Das zweite Beispiel: ein Wochenendtag, an dem man etwas unternimmt (und man dabei nicht die Muße fürs Malen findet, weil man sich sonst auf unangemessene Weise zurückziehen müsste). Das sind jetzt zwei Beispiele, die an sich gar keine ‚schlimmen' Gründe haben. Hier hängt der ‚Rückschlag' ja jeweils von Konventionen und – mehr oder weniger guten – anderen Gewohnheiten ab. Vielleicht ist das ein interessanter Aspekt: Zwei Gewohnheiten können in gewissen Situationen auch miteinander konkurrieren, sodass man entscheiden* *muss.*" Die Tagesstruktur ist Teil der Umgebung einer Gewohnheitskultur, die auch Auslöser für konkurrierende Gewohnheiten zur Verfügung stellen kann. Hier kommt neben dem Aspekt der Umgebung auch die Frage nach den Gewohnheitsprioritäten ins Spiel, nach der Werteordnung also. Gerade im Konfliktfall wird die Pflege von Gewohnheiten zu richtig harter Arbeit.

Harte Arbeit, wirklich harte Arbeit: Durchhalten

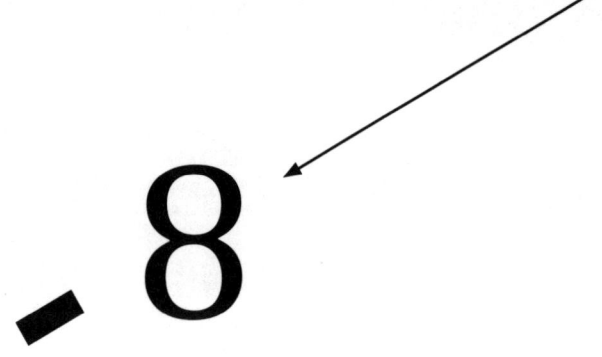

Gewohnheiten entwickeln eine Kraft, gewinnen, um Paulus zu zitieren (Röm 6,6.14), „Macht" über uns. Im Englischen spricht man von „force of habit"; der schottische Philosoph Thomas Reid war der Überzeugung, dass eine Gewohnheit dann vorliegt, wenn sie eine kausale Kraft entfaltet, eine Neigung, uns in einer gewissen Weise handeln zu lassen, sodass es einer Anstrengung bedürfe, nicht so zu handeln.[87] Wenn wir also eine Gewohnheit verändern wollen, verlangt das nach einer entsprechenden Anstrengung. Man könnte auch sagen: Ein Handlungsablauf wird dann zur Gewohnheit, wenn es mich anstrengt, anders zu handeln. Gewohnheiten bringen uns dazu, etwas zu tun, auf das wir im Augenblick vielleicht gar keine Lust haben. Die Gewohnheit des Frühaufstehens (sehr zu empfehlen!) bringt Menschen dazu, aufzuwachen und aufzustehen, obwohl sie bei genauerem Nachdenken vielleicht viel lieber weiterschlafen würden. Gewohnheiten sind kraftvoll und hartnäckig, sie weisen eine gewisse Beharrlichkeit auf, zu deren Überwindung Mühen aufzuwenden sind. Eine Gewohnheitsveränderung verlangt deswegen nach „tiefer Praxis", nach einer Arbeit an sich selbst trotz der Hindernisse und Widrigkeiten, die sich in den Weg stellen.

In der Regel gilt: Je länger eine Gewohnheitsveränderung andauert, desto „tiefer" wird die Praxis werden müssen. Am Anfang eines Gewohnheitsexperiments mag eine gewisse Euphorie stehen, die Frische des Entschlusses, der Reiz des Neuen, die farbenfrohe Vision eines anderen Lebens, die Erfahrung eines Erfolgserlebnisses, wenn ein Tag gut durchgestanden wurde. Mit der Zeit wird der Abstand zum ursprünglichen Entschluss größer, der Reiz des Neuen verblasst, die Vision wird von der Realität korrigiert, die Erfolgserlebnisse nehmen nach dem Gesetz der hedonistischen Tretmühle (man braucht immer mehr von einem Gut, um denselben Glückseffekt zu erzielen) an Intensität ab. Dann können sich Unwägbarkeiten einstellen – die Waschmaschine geht ausgerechnet während der kritischen Phase der Gewohnheitsveränderung kaputt, ein Zahn macht Probleme, die Nachbarn weigern sich, den Rasen außerhalb der Mittagspause zu mähen; so kann der „Lebensdruck" steigen, und wenn gleichzeitig die Kraft zur Gewohnheitsveränderung abnimmt, vergrößert dies die aufzuwendende Mühe enorm.

Ein Entschluss ist schneller gefasst, als eine Gewohnheit geändert; Vater eines Entschlusses werden ist leichter, als Vater einer neuen Gewohnheit sein. Dann reden wir von harter Arbeit, von richtig harter Arbeit. Gefragt ist hier das, was man Durchhaltevermögen nennt. Thomas von Aquin hat über diese Kraft, trotz Hindernissen am Guten festzuhalten, nachgedacht.[88] Die „perseverantia" ist die Fähigkeit, kontinuierlich an einem wohlbegründeten Projekt festzuhalten; das hier verwendete Substantiv gehört zu dem Verb „persistere", das „stehen bleiben" oder auch „verharren" bedeutet. Menschen mit Durchhaltekraft sind Menschen, die über längere Zeit im selben verharren können. Hier sind Ausdauer und Geduld, aber auch Widerstandskraft und die Fähigkeit, Schmerz auszuhalten, notwendig. Ausdauer, so könnten wir sagen, verlangt den langen Atem und den klaren Blick auf das Ziel am Ende des Weges; Geduld ist eine Form der Mäßigung, sich auch mit kleinen Schritten und kleinen Erfolgen zufriedenzugeben und nicht zu schnell zu viel zu verlangen. Widerstandskraft ist die Bereitschaft, sich einem Hindernis entgegenzustemmen, das erkannte Gute zu verteidigen, gerade nicht den Weg des geringsten Widerstandes zu gehen. Die Fähigkeit, Schmerz auszuhalten, deutet an, dass Wehleidigkeit ein Hindernis auf dem Weg zur Arbeit an Gewohnheiten ist. Das, was der Durchhaltekraft entgegensteht, ist einerseits unsere Bequemlichkeit, die sich im Wunsch ausdrückt, Widrigkeiten zu meiden und die Handlungskosten, also den Handlungsaufwand, niedrig zu halten; andererseits sind es jene Dinge, die uns Sorgen bereiten und uns ablenken und schwächen. Durchhaltekraft als „Hinderniskraft" ist mit Mut und Tapferkeit verwandt; denn Tapferkeit ist das Vermögen, am Guten festzuhalten, auch wenn sich Schwierigkeiten in den Weg stellen. Das Durchhaltevermögen ist eine besondere Tugend. Hier wird im Grunde eine moralpsychologische Gemeinheit angesprochen: Ich brauche die Tugend (gewohnheitsmäßige Haltung) des Durchhaltens, um mir andere Tugenden aneignen zu können.

Anders gesagt: Ich brauche schon gute Gewohnheiten, um mir gute Gewohnheiten zuzulegen. Die gute Nachricht, die daraus folgt, lautet: Eine gute Gewohnheit wird unschwer zur nächsten guten Gewohnheit führen; die schlechte Nachricht: Der Anfangspunkt ist schwierig und muss möglichst früh gelegt werden. Das hat wieder etwas mit der Rolle der Kindheit für die Ausbildung von Gewohnheiten zu tun.

Ein im Zusammenhang mit dem Durchhaltevermögen und der harten Arbeit an Gewohnheiten wichtiger Begriff ist das Konzept der Willensschwäche oder Akrasie. Ein willensschwacher Mensch weiß, was gut ist, und weiß auch, dass er das Gute anstreben und wollen sollte, kann sich aber nicht dazu aufraffen, das Gute auch zu tun. Man kann dabei wohl eine Handlungsschwäche (will das Gute, ist aber zu schwach, die Brücke zum Tun zu schlagen, etwa im Sinne: „Der Geist ist willig, aber das Fleisch ist schwach"; Mt 26,41) und eigentliche Willensschwäche (das Wollen steht dem Wissen entgegen) annehmen. Willensschwäche ist ein Mangel an Beherrschtheit oder auch ein Überhang an Bequemlichkeit. Willensschwäche als Mangel an Beherrschtheit kann zum Brechen von Vorsätzen aufgrund von Impulsivität führen (der starke Auslöser, dem ich nicht widerstehen kann); Willensschwäche als Bequemlichkeit deutet an, dass sich ein Mensch an bestimmte „weiche" und „süße" Dinge gewöhnt hat. Beides ist eine Frage der Festigkeit eines Charakters, von dem wir schon gesehen haben, dass er als zweite Natur eines Menschen bezeichnet werden kann. Willensschwäche bezieht sich damit vor allem auf jene Aspekte, die (noch) nicht zur zweiten Natur geworden sind und sich verfestigt haben. Nach Aristoteles – das möge alle, die schon einmal gute Vorsätze aufgeben mussten, trösten – ist der willensschwache Mensch („Akratiker") kein schlechter Mensch, aber er handelt doch wie ein solcher.[89] Einen ähnlichen Gedanken hatte vielleicht die Holocaustüberlebende Alice Herz Sommer im Kopf, als sie im Alter von 102 Jahren in einem Gespräch über ihr Leben sagte: „Es gibt eigentlich wenig schlechte Menschen. Es gibt schwache Menschen. Leute, die schlecht sind, sind es aus Schwäche oder Feigheit. Sie können sich nicht entscheiden."[90] Manche Menschen sind also schwach. Es mangelt ihnen entweder an Beherrschung der Kraft, die sie dann für anderes verwenden, oder es mangelt ihnen überhaupt an der Kraft, tätig zu werden: Sie lassen sich gehen. Im einen Fall lässt sich ein Mensch von einem Impuls treiben, im anderen Fall fehlt die Kraft, das Gute zu verfolgen. Das Phänomen, wider besseres Wissen zu handeln, ergibt sich daraus, dass eine Handlung auf verschiedene Weise anziehend sein kann; sie kann anziehend sein, weil sie sittlich gut ist, sie kann aber auch anziehend sein, weil sie Lustgewinn verspricht. Wer sich vorgenommen hat, dreimal in der Woche eine halbe Stunde laufen zu gehen, mag durch die Idee der Handlungsqualität motiviert sein, es aber gegebenenfalls vorziehen, die halbe Stunde länger zu schlafen, weil es im Bett warm und kuschelig ist.

Das Geheimnis, Willensschwäche zu bewältigen, hat mit Klarheit und Stärke von Überzeugungen zu tun, mit der Fähigkeit, etwas aus ganzem Herzen zu tun. Anders gesagt: Willensschwäche und Halbherzigkeit sind miteinander verwandt. Der amerikanische Philosoph Harry Frankfurt hat dem Begriff der „wholeheartedness" („aus ganzem Herzen") eine zentrale Bedeutung zugewiesen.[91] Wer etwas aus ganzem Herzen tut, wird die geforderte Anstrengung aufbringen, die Willensschwäche überwinden und durchhalten. Dazu ist es wichtig, zu wissen, was man „wirklich wirklich" will, um eine bekannte Phrase Frithjof Bergmanns zu gebrauchen.[92] Die harte Arbeit an Gewohnheiten wird machbar, wenn sie „mit brennendem Herzen" geschieht. Das ist ein Motiv, das wir aus dem Emmausevangelium kennen. Zwei Jünger gehen nach der Hinrichtung Jesu traurig auf dem Weg von Jerusalem nach Emmaus, unterhalten sich über das Vorgefallene, Jesus gesellt sich zu ihnen, hört ihnen zu, stellt Fragen, bietet ihnen eine Deutung der Ereignisse im Lichte der Heiligen Schrift, bleibt abends bei ihnen, und als er das Brot bricht, erkennen sie ihn und Jesus ist verschwunden. Sie gehen noch in derselben Stunde nach Jerusalem zurück, nachdem einer zuvor gesagt hatte: „Brannte uns nicht das Herz in der Brust, als er unterwegs mit uns redete und uns den Sinn der Schrift erschloss" (Lk 24,22). Diese Stelle gibt uns drei Hinweise zum Motiv des brennenden Herzens. Erstens: Das Herz fängt nicht von selbst zu brennen an, es wird entzündet, das brennende Herz wird dir zuteil. Zweitens: Ein brennendes Herz wird genährt von der Begegnung, von der Begegnung mit einem Menschen mit einer Botschaft. Das brennende Herz lebt von der Begegnung und vom Wort. Drittens: Am Anfang der Emmausgeschichte waren die Jünger verzweifelt und verzagt, gegen Ende der Geschichte haben sie zu neuem Lebensmut und wieder eine Richtung in ihrem Leben gefunden. Sie sind wieder umgekehrt nach Jerusalem. Das heißt, sie haben aus ihrer Verzagtheit herausgefunden, Kraft bekommen und eine Richtung. Ein brennendes Herz gibt Lebenskraft, es gibt eine Lebensrichtung.

Diese Erfahrung sowie die harte Arbeit des Durchhaltens erlebte Martha, Mutter von zwei Söhnen (neun und zwölf Jahre alt). Sie hat sich auf ein 30-Tage-Experiment eingelassen. Ausgangspunkt war ein seit Jahren eingewöhntes Interaktionsmuster: *„Wenn ich das Gefühl habe, dass meine Söhne ‚Blödsinn machen' (zum Beispiel Klopapier in der Badewanne auflösen, bis alles verstopft ist, neues Gewand dreckig machen, Klebstoff im Zimmer austropfen lassen) und ich dadurch Mehrarbeit habe (den Unrat wegräumen, wegputzen, Wiederherstellung des alten Zustandes, Trösten oder Beschwichtigen nach Beschimpfungen, Verletzungen verarzten ...), kommt in mir die Wut hoch und ich rege mich furchtbar auf. Das*

*äußert sich darin, dass ich sie mit der ‚Blödsinnssituation'
konfrontiere und sie ‚anbrülle', sie ‚beschimpfe' und mir
so Luft mache. Lange Zeit habe ich das nicht als unrecht
empfunden und es mit der Aussage ‚so bin ich nun mal'
gerechtfertigt. Eine Selbstverletzung meines Sohnes hat
mich wachgerüttelt; er ist zwölf Jahre alt. Ich musste einsehen, dass mein Verhalten mein Kind sehr belastet und
es sich böse, schuldig und abgewertet fühlt durch mein
‚Toben'. Das wollte ich natürlich nicht, war aber die Folge meines Verhaltens. Das intensive Studium der Bücher
des Familientherapeuten Jesper Juul hat mir bewusst gemacht, dass ich als Mutter maßgeblich für die Atmosphäre in der Familie zuständig bin und es falsch ist, meinem
Kind die Schuld für emotionale Schieflagen zu geben."*

Der Angelpunkt für die Lebensveränderung war
klar, die Motivation durch die Selbstverletzung eines
Sohnes hoch. Hier haben wir es mit einer Begegnung zu
tun, die das Herz öffnet, das Herz zum Brennen bringt,
damit ein Projekt möglich macht, das mit „wholeheartedness" begonnen wird. Die Klarheit wird noch durch
die Klarheit der nächsten Schritte, auch gewonnen auf
dem Hintergrund einschlägiger Lektüre, verstärkt:
*„Der Ausweg, den Jesper Juul anbietet, ist eine ‚persönli-
che Sprache', die Eltern finden müssen und damit signa-
lisieren, dass sie die Verantwortung für die Atmosphäre
in der Familie übernehmen und die Kinder in dieser auf-
gehoben sind. Ein Kind kann die soziale Verantwortung
nicht übernehmen, nur die persönliche. Hier setzt mein*

Wunsch an, mir die Gewohnheit des ‚Schimpfens‘, des ‚Die-Kinder-Anbrüllens‘ abzugewöhnen und mir gleichzeitig eine ‚persönliche Sprache‘ anzugewöhnen. Das heißt, ich versuche, in ‚Ich-Sätzen‘ zu sprechen, die mein Empfinden der Situation wiedergeben, oder mich zurückzunehmen und zu schweigen; jedenfalls nicht in ‚Du-bist-‘ oder ‚Du-Sätzen‘ der Anschuldigung zu sprechen. Beispiele: ‚Ich mag nicht, wenn du ...‘; ‚mir gefällt nicht, wenn du ...‘; ‚ich will, dass du sofort damit aufhörst‘; ‚mir tut weh, wenn du das sagst ...‘"

Eine Gewohnheit muss also durch eine andere Gewohnheit ersetzt werden; dies wird in der Literatur mit dem Stichwort „habit replacement" beschrieben. Eine klar erkannte Gewohnheit soll durch eine klar definierte Gewohnheit ersetzt werden. Anders gesagt: Klarheit einer Absicht sollte eine Gewohnheit „abtragen".[93] Schlüssel ist neben der Klarheit die Konsequenz, also Üben, Wiederholen, Einüben. Martha bemühte sich um den Aufbau eines „Innenraums" *(„Ich behalte meine Gedanken bei mir")* und einer Reflexionsebene *(„Ich überlegte: Wie spreche ich ihn an?")*, sie versuchte in heiklen Situationen Erklärungen zu liefern, konstruktive Vorschläge zu machen und Alternativen anzubieten, also nicht nur die Sprache, sondern auch die Perspektive zu verändern. „Nahrung" auf dem Weg waren Einsichten wie eine Bemerkung ihres neunjährigen Sohnes: „Er sagte heute: *‚Das Geschimpfe macht mich nur traurig, bringt mir aber nichts bei.‘*" Das sind Schlüsselmomente, die Einsicht vermitteln, betroffen machen und dadurch Kraft für das Festhalten an der Gewohnheitsveränderung schenken. Dazu tritt immer wieder auch die Erfahrung, wie fest die zu überwindende Gewohnheit verwurzelt war *(„Die Sollenssprüche sind tief verankert und Teil der gewöhnten Sprechweise")*, wie herausfordernd es war, Gelerntes wieder abzulegen *(„Das Wissen, ‚wie man es richtig macht', gewachsen aus eigenen Erfahrungen, steht nur im Weg")* – „learning to unlearn" ist hier wohl ein Stichwort, also zu lernen, Gelerntes wieder zu korrigieren und zu „überschreiben". Martha kämpfte mit besonderen Herausforderungen, die sie klar erkannte und klar benennen konnte *(„Wie kann ich in heiklen Situationen Kritik äußern, ohne mein Kind zu beschämen?"; „Wie kann ich in heiklen Situationen freundlich, aber bestimmt bleiben?")*; das Benennen von Hindernissen und Herausforderungen ist ein wichtiger Schritt auf dem Weg zu einer Lebensveränderung. Ein weiteres Werkzeug, das Martha einsetzte, war die Kunst der Frage. Die Fähigkeit, wichtige Fragen zu stellen, erlaubt es, die „eingefleischte Gewohnheit" besser einzuordnen. Martha fragte sich etwa: *„Höre ich zu wenig hin? Erkläre ich zu wenig? Fühlt sich mein Sohn zu wenig positiv beachtet, zu wenig wertgeschätzt?"* Sie dachte über die Gewohnheit des Schimpfens nach, fragte sich: Wofür steht diese Gewohnheit? Martha erkannte, dass Gewohnheiten „eine Sprache sprechen", Aussagen über uns und unsere Geschichte treffen, Symbol für etwas Tieferes als das beobachtbare Handlungsmuster sind. *„Die Gewohnheit ist verknüpft mit innerer Haltung, die mit der Gewohnheit in Verbindung steht."* Die Gewohnheit des Schimpfens versprachlicht eine innere Haltung; das gewohnheitsmäßige Schimpfen erkannte sie als Symptom für eine soziale Dynamik. *„Schimpfen als Ausdruck einer ungleichen Ebene: ich oben, er unten"*, schreibt Martha in ihren Aufzeichnungen.

Im Laufe des 30-Tage-Experiments stellten sich immer wieder herausfordernde Situationen ein, gerade auch dann, wenn der (im Land der Pubertät ansässige) zwölfjährige Sohn die Mutter respektlos behandelte oder den Neunjährigen demütigte. Negative Phasen bissiger Bemerkungen, unwilligen Maulens oder schlichter Kooperationsverweigerung machten das soziale Experiment zu harter Arbeit. Immer wieder fand sich Martha in widrigen Situationen, in denen es außerordentlich schwer war, am Vorsatz festzuhalten. Die harte Arbeit des Durchhaltens zeigt sich nun einmal in widrigen Situationen: *„Unter Druck kommen altvertraute Muster hoch – wenn die Energie gering ist, rutsche ich schnell in die alten, gewohnten Handlungsmuster – keine Möglichkeit, ‚drüberzustehen', stecke im Ärger. Wenn ich gestresst bin, kränkle, nicht meine normalen Kräfte zur Verfügung habe, ist der schnellere, der leichtere Weg, in die ‚alten Gewohnheiten' zu rutschen."* Die alten Gewohnheiten sind das, was den geringsten Kraftaufwand und die geringste Reflexionsleistung erfordert, was ohne

Aufbietung eines „Innenraums" von Fragen eingesetzt werden kann. Hilfreich war für Martha die konsequente Reflexion auf die Situationen am Ende eines Tages. Das hielt auch den Entschluss frisch, ließ den Vorsatz nicht schal werden.

Am Ende des Monats konnte Martha schreiben: „*Ich bin sehr froh, dass ich versucht habe, meine Sprache mit meinen Kindern zu ändern. In den Wochen, in denen ich das nun versucht habe, hat sich meine innere Einstellung – gemeinsam mit den Worten – geändert. Tritt eine Situation auf, in der ich gewohnheitsmäßig schimpfen würde, atme ich nun einmal durch – die Wut kommt ja trotzdem, aber sie hat an Macht über mich verloren. Allein die kurze Überlegungspause, wie sage ich nun das, was ich sagen will, auf ,die neue Art'?, gibt der Wut nicht mehr so viel Raum in mir. Ich bin mehr dem Kind, das ich ja liebe, zugewandt als mir selber, und ich versuche, das Moment der Anschuldigung, Anklage rauszunehmen. Dass ich die Situation trotzdem nicht in Ordnung finde – wenn meine frisch gesetzten Pflänzchen vom Fußball zerschossen werden –, will und muss ich ja sagen, aber eben anders. Die neue Art geht in die Richtung eines Dialogs, ein Rückfragen klagt nicht so sehr an, es ermöglicht ein Gespräch und die Möglichkeit einer gemeinsamen Lösung.*"

Durch die Veränderung dieser Gewohnheit kam einiges in Bewegung, auch was die Interaktionsmuster der Kinder untereinander betraf. Martha erfuhr den Pullovereffekt und drückt dies mit einem eigenen Bild aus:

„Eine Gewohnheit zu ändern ist ein Paket – komplex und vielschichtig. Durch den Versuch, das Paket aufzumachen (anstelle der Gewohnheiten), öffnet sich eine Tür bzw. die ‚Naht'; darum ist es wichtig, dranzubleiben, neu zu sehen, was noch alles dazugehört, das ebenso geändert werden will." Das „Dranbleiben" hatte seine Tücken, wie Martha am Ende des Experiments bemerkte: *„Ich empfinde es als mühsam, eine neue Sprache einzulernen. In Situationen der Müdigkeit und Überlastung ist es schier unmöglich, nach neuen Wegen zu suchen – da sage ich dann am besten gar nichts oder einfach ‚Schluss! Aus! Genug!' … Abstand zu nehmen von den Anschuldigungen habe ich umzusetzen gelernt, so hoffe ich. Denn das habe ich als falsch erkannt. Vielleicht fällt es mir nun leichter, mit einem milderen Blick die ‚Blödsinnigkeiten' anzuschauen und sie ‚lockerer zu sehen'. Mir kommt vor, dass sich in diesen letzten Wochen die Atmosphäre entspannt hat. Ich versuche, mich mehr zurückzunehmen, einen inneren Abstand zu bekommen und mehr mit den Kindern zu lachen und zu scherzen. Dieser Schritt zur persönlichen Sprache ist ein guter Anfang."* Mit den genannten Hilfsmitteln und dem einen oder anderen Rückschlag, der dennoch nicht vom Vorsatz abrücken ließ, schaffte es Martha, durchzuhalten, die harte Arbeit der Gewohnheitsveränderung zu verrichten. Mit der Veränderung einer Gewohnheit stellten sich nicht nur andere Veränderungen auf Verhaltensebene ein, auch die innere Haltung („milderer Blick", „lockerere Einstellung") wurde „aufgeweicht".

Wollte man Marthas Erfahrung zusammenfassen, könnte man sieben Punkte nennen. Entscheidend für das Durchhalten sind: 1) die Klarheit des Vorsatzes (im Falle Marthas: im Kritikfall „Ich-Botschaften" ohne Aggression zu äußern); 2) die lebendige Präsenz des Vorsatzes in Schlüsselsituationen; 3) ein „innerer Raum", in den man sich in belastenden Situationen zurückziehen kann, um Abstand zu gewinnen; 4) konsequente Selbstbeobachtung und Reflexion auf die Erfahrung, gerade auch durch ein „Gewohnheitstagebuch"; 5) eine Veränderung der sprachlichen Gewohnheiten in Richtung „Weniger ist mehr" (auch einmal nichts sagen); 6) „learning to unlearn" – Eingeübtes bzw. Angeeignetes muss abgelegt werden, indem es explizit gemacht und in seiner Destruktivität erkannt wird; 7) eine Gewohnheit ist verknüpft mit einer inneren Haltung, die herausgearbeitet und dann „aufgeweicht" werden muss.

Marthas Experiment war wohl deswegen erfolgreich, weil sie konsequent blieb, weil sie die sprachliche Gewohnheit („Ich-Sätze") wiederholte und einübte. Denn ein Grundelement der Gewohnheit wie auch ein Grundelement der Gewohnheitsveränderung ist die Wiederholung; Thomas Hobbes charakterisierte eine Gewohnheit als eine Bewegung, die durch Wiederholung zusehends leichter gemacht wurde.[94] Deswegen ist die Wiederholung der Schlüssel zur harten Arbeit des Durchhaltens. Tanizaki Jun'ichirō verfasste Anfang der 1930er-Jahre einen klassisch gewordenen Essay über die „Meisterschaft", in dem er die Wiederholung als Kernstück empfahl.[95] Schlüssel auf dem Weg zur Meisterschaft ist das Üben. Üben verlangt nach Anleitung und Disziplin. Letztere kann mit maßvollem oder auch übertriebenem Druck eingemahnt oder auch erzwungen werden. Ein Mensch, der übt, „feilt" an seiner Kunst, gibt sich nicht zufrieden, erreicht nie das Ziel. Meisterschaft ist ein steter Auftrag, nie ein Zustand, in dessen Besitz man sich gesetzt hat, denn wenn das Niveau der Meisterschaft erreicht ist, muss dieses Niveau gehalten werden – auch das verlangt nach Übung. Und in aller Demut muss eingeräumt werden, dass Meisterschaft auf Dauer nicht gehalten werden kann. Üben führt zu einer gewissen, aber niemals perfekten Mühelosigkeit, wir könnten auch sagen: zu Anmut, die deswegen „natürlich" wirkt, weil das Eingeübte Teil der Persönlichkeit geworden ist und sich auch im „Körpergedächtnis" eingeprägt hat. Meisterschaft entsteht auf der Grundlage von Erfahrung und führt zur Ausbildung einer bestimmten Form von Autorität, zu einer bestimmten Treffsicherheit der Ausführung. Diese wachsende Kunstfertigkeit bringt Erfolgserlebnisse mit sich, die die Kraft für das Üben nährt. Damit ist noch ein Hinweis zur Überwindung von Willensschwäche gefunden: Gestalte dein Üben so, dass du Erfolgserlebnisse erfährst.

- 9 ← Mit einer Gewohnheit brechen

Die Arbeit an Gewohnheiten kann, wenn man es sehr grundsätzlich betrachtet, zwei Formen annehmen: Entweder man legt eine Gewohnheit ab („mit einer Gewohnheit brechen") oder man eignet sich eine Gewohnheit an („eine Gewohnheit kultivieren"). Vernünftigerweise gehen diese beiden Absichten Hand in Hand, weil man ja eine Gewohnheit gerade dadurch am besten ablegt, dass man sich eine alternative Gewohnheit zu eigen macht (im Sinne des oben angesprochenen „habit replacement"). Das ist in der Tat erfolgversprechend. Wenn jemand eine Gewohnheit aufgibt, ist es am aussichtsreichsten, wenn eine andere Gewohnheit an die Stelle des abgelegten Verhaltensmusters gesetzt wird, wobei die neue Gewohnheit auf denselben Auslöser reagieren sollte. Mit anderen Worten: Wenn mich ein Lastwagen, der die Überholspur auf der Autobahn blockiert, gewohnheitsmäßig zum Fluchen verführt, kann ich mir angewöhnen, einige Zeilen aus einem Gedicht Rainer Maria Rilkes zu zitieren, am besten jenen Abschnitt aus den „Duineser Elegien", in dem er die Lastwagenfahrer mit Engeln vergleicht (zugegeben, eine sehr freie Auslegung des „Jeder Engel ist schrecklich"-Motivs).

Apropos Rilke: In besagten „Duineser Elegien" spricht er in der ersten Elegie das „verzogene Treusein einer Gewohnheit", an, einer Gewohnheit, „der es bei uns gefiel, und so blieb sie und ging nicht". Die Gewohnheit blieb, so könnten wir sagen, weil es ihr bei uns als Nährboden für parasitäre Muster gefiel; sie blieb aber auch, weil es uns Gefallen bereitete. Gewohnheit und Persönlichkeit bilden symbiotische, mitunter durchaus selbstzerstörerische Beziehungen aus. Damit ist gesagt: Mit Gewohnheiten zu brechen, die zur zweiten Natur geworden sind, fällt schwer. Es geht dabei ja nicht einfach um eine äußere Veränderung wie etwa die Entscheidung, ein bestimmtes Hemd nicht mehr anzuziehen. Es geht um die Veränderung von etwas, was so sehr Teil der Persönlichkeit geworden ist, dass sich die Persönlichkeit verändern muss. Diese Dynamik haben wir bei Marthas 30-Tage-Experiment verfolgen können. Ein zweiter Grund, warum das Brechen mit (lieb gewonnenen) Gewohnheiten schwierig ist, liegt darin, dass sich oftmals die negativen Konsequenzen einer Gewohnheit zeitverzögert und erst viel später einstellen; das macht es schwer, die Kraft für eine Veränderung der Gewohnheit aufzubringen, vor allem wenn ihre unmittelbaren Effekte positiv sind.[96] Das kann sich auf ungesunde Ess- und Bewegungsgewohnheiten ebenso beziehen wie auf das Umweltverhalten. Man „sieht" den Effekt des eigenen Handelns auf die Umwelt nicht unmittelbar. Man „spürt" die negative Auswirkung mangelnder Bewegung nicht kurzfristig.

Da wir mit diesen Schwierigkeiten beim Brechen von Gewohnheiten konfrontiert sind, werden wir vieles tun, um Gewohnheiten zu verteidigen. Kognitive Dissonanzen (also als belastend empfundene Widersprüchlichkeiten in Überzeugungen und Wahrnehmungen) werden auf andere Weise gelöst als dadurch, dass man eine Gewohnheit verändert; lieber weisen wir Informationen zurück („es gibt keinen Klimawandel"), schwächen deren Wert („mein Verhalten macht keinen Unterschied"; „mein Onkel hat auch geraucht und ist 95 Jahre alt geworden") oder nehmen sie nicht zur Kenntnis (etwa im Sinne von Obelix, der einmal erstaunt sagte: „Ich wusste gar nicht, dass man zu viel essen kann"). Man muss sich dies zweckmäßigerweise im Sinne einer Selbstpädagogik im Bild vorstellen: Der Tropfen höhlt den Stein nicht durch Kraft und Gewalt aus, sondern durch Beharrlichkeit, durch einen über einen langen Zeitraum ausgeübten identen Druck. Wenn wir eine Gewohnheit mit einem bestimmten inneren Bild verbinden, steigt die Wahrscheinlichkeit einer Veränderung, da durch ein inneres Bild auch Druck aufgebaut werden kann.

Es muss also eine klare Motivation gegeben sein, um tatsächlich mit lieben Gewohnheiten zu brechen. Mitunter werden Gewohnheitsbrüche durch auferlegte Umstände erzwungen.[97] Stewart O'Nan beschreibt in seinem Roman „Emily, allein" das geregelte und von Gewohnheiten getragene Leben einer älteren verwitweten Dame, die langsam auf den Tod zugeht. Sie lebt mit ihrem Hund und in regelmäßigem Kontakt zu ihrer besten Freundin Arlene ein gleichmäßiges Leben in einer kleinen Welt. Dann muss Arlene nach einem Aussetzer ins Krankenhaus, das Leben wird auf den Kopf gestellt:

„Arlenes Krankenhausaufenthalt gab Emilys Tagen eine neue Kontur. Sie wachte noch immer jeden Tag im Morgengrauen auf und las bei Tee und Toast die *Post-Gazette*, um zu erfahren, was in der Welt vor sich ging, aber statt wie bisher die Cartoons zusammenzufalten und sich dem Kreuzworträtsel zuzuwenden, während auf QED Händel lief und die Blauhäher und Kleiber sich am Vogelhäuschen bekriegten, spülte sie ihre Tasse und Untertasse ab, packte ihre Sachen zusammen und fuhr mit dem Taurus nach Bloomfield, um bei Arlene zu sein."[98] Sie merkte, dass ihr der Bruch mit den Gewohnheiten einerseits neuen Schwung gab, eine Aufbruchstimmung erzeugte, andererseits aber auch neue Bürden auferlegte – sie war es etwa gewohnt, allein zu sein und immer dieselben Straßen zu sehen, das soziale Leben strengte sie an. Das Brechen mit Gewohnheiten ist anstrengend und verlangt einen Preis. Das ist auch eine Botschaft in Ted Thompsons Roman „Land der Gewohnheit", in dem er einen Mann namens Anders Hill beschreibt und wie dieser im Ruhestand mit den berechenbaren Lebensgewohnheiten des Vorstadtlebens bricht und einen hohen Preis (Sicherheit, Ehe, sozialer Status) dafür zu bezahlen hat.

Der entscheidende Schritt beim Brechen mit Gewohnheiten ist die erste Anstrengung – die meiste Kraft muss in den ersten 30 Tagen investiert werden. Die aufgewendete Kraft dient nicht nur dazu, eine Gewohnheit abzulegen, in dieser Zeit ist auch sinnvollerweise eine neue Gewohnheit zu etablieren, die die alte „überschreibt". Die sicherste Methode, mit einer Gewohnheit zu brechen, besteht natürlich darin, die Ausübung der Gewohnheit unmöglich zu machen – ein Mensch, der täglich sechs Tassen Kaffee getrunken hat, strandet auf einer einsamen Insel, auf der es keinen Kaffee gibt. Mildere Varianten dieser sichersten Methode bestehen darin, das Ausüben der Gewohnheit, wenn schon nicht unmöglich zu machen, so doch zu erschweren – der Schlüssel zum versperrten Schrank mit den Alkoholika wird in einem Seniorenheim versteckt; bestimmte ungesunde Produkte werden mit einer „Fettsteuer" oder „Zuckersteuer" belegt, steigende (allerdings erst sehr stark steigende) Treibstoffpreise wirken sich auf Mobilitätsgewohnheiten aus. Eine zweite Methode liegt darin, Situationen nach Möglichkeit zu vermeiden, in denen sich Auslöser für eine Gewohnheit einstellen können. Buchkaufsüchtige Menschen sollten Buchhandlungen und bestimmte Internetseiten meiden, fernsehsüchtige Zeitgenossen und Zeitgenossinnen sollten tapfer auf das Fernsehgerät in den eigenen vier Wänden verzichten, kaufsüchtige Menschen sollten lieber in Kirchen als in Kaufhäuser gehen und so weiter – das ist auch eine Frage der angesprochenen „ermächtigenden Umgebung". Drittens: Eine Gewohnheit kann sich ändern, wenn man die mit der Gewohnheit verbundene unmittelbare Erfahrung unangenehm gestaltet, etwa indem nägelkauende

Menschen unangenehme Pasten auf die Fingernägel schmieren, hilfsbereite Ehefrauen den Abendwodka des Ehemanns vergiften oder die fürsorgliche vegan lebende Tochter den Eltern zum Sonntagsbraten Bilder von fleischkonsumbedingt gequälten Tieren auf den Esstisch stellt. Viertens kann man versuchen, nicht die negative Gewohnheit zu schwächen, sondern die positive Gewohnheit zu verstärken – wenn man etwa weniger Fleisch essen möchte, für wohlschmeckende und abwechslungsreiche und sättigende Erfahrungen fleischlosen Essens zu sorgen.

Aus der geistlichen Erfahrung darf ich noch einige Ideen mitteilen: Der spanische Jesuit Jerónimo Nadal hat in seinen Überlegungen zum inneren Wachstum nahegelegt, sorgfältig in Bezug auf kleinere Versagen zu sein und bei Rückschlägen sich selbst Buße aufzuerlegen, sich also zu bestrafen: „Alles bleibt oberflächlich ohne wahre Buße."[99] Ein Beispiel: Angenommen, ein Kollege sieht sich gerne bestimmte Internetseiten an, schämt sich dafür, will das ändern. Um mit dieser Gewohnheit zu brechen, hat er verschiedene Optionen: Er kann die Tür zu seinem Büro offen lassen, sodass stets die Möglichkeit gegeben ist, dass jemand auf seinen Computerbildschirm blickt; er kann sich angewöhnen, eine bestimmte Website – etwa einen Hinweis auf die schädlichen Auswirkungen des Besuchens gewisser Seiten – aufzurufen, wenn ihn der Reiz anfällt, sich im Netz herumzutreiben; er kann sich aber auch zwingen, bei Auftreten des Reizes das Zimmer mit dem Computer zu verlassen. Im Sinne Nadals nun muss dieser Mann sorgfältig auf kleine Gewohnheiten achten, wie er etwa die Arbeitszeit oder die Zeit am Schreibtisch gestaltet oder den Hang, sich durch das Surfen ablenken zu lassen. Und nach Nadal kann sich dieser Mann auch dadurch helfen, dass er mit sich selbst eine klare Vereinbarung trifft: Wenn ich wieder eine dieser Seiten besuche, erlege ich mir selbst die Bestrafung auf, einen Monat lang keinen Alkohol anzurühren oder kein Fußballspiel anzuschauen oder keine Rede des Bundeskanzlers auswendig zu lernen, was immer selbstpädagogisch am dienlichsten ist. Evagrius Ponticus, um einen weiteren geistlichen Meister zu erwähnen, hat sich Gedanken über die Überwindung des zur gewohnheitsmäßigen Fehlhaltung gewordenen Zorns gemacht. Wie kann ich die schlechte Gewohnheit des Zorns ablegen? Er empfiehlt ein genaues Studium von Situationen, in denen sich die Fehlhaltung gezeigt hat: „Setz dich hin, und erinnere dich ganz für dich an das, was dir widerfahren ist und von wo aus du begonnen hast, wohin du dich begeben hast und an welchem Ort du vom Geist … des Zorns … ergriffen wurdest und wie weiterhin das Geschehen ablief. Dies erforsche genau und übergib dem Gedächtnis, damit du ihn [den Geist des Zorns] überführen kannst, wenn er sich dir nähert."[100] Es geht also um sorgfältige Analyse, was wiederum für ein „Gewohnheitstagebuch" spricht, eine regelmäßige Rückschau auf den Tag. Das Ringen um das Ablegen von Gewohnheiten ist ein tägliches.

Ein Beispiel: Ricarda, eine Psychotherapeutin, die beruflich entsprechend viel mit dem guten Umgang mit sich selbst zu tun hat, nimmt sich vor, mit der (nach eigenem Urteil) schlechten Gewohnheit, abends das Essen hinunterzuschlingen, zu brechen. Als geschulte und sensible Kennerin hat Ricarda sich auch Gedanken über Vorgeschichte und Hintergründe gemacht, wie etwa: *„Habe als Neugeborenes drei Tage keine Nahrung behalten, was zu massiver Dehydrierung führte; nach wie vor immer wieder Niedrigzucker, wenn über längere Zeit keine Nahrungsaufnahme erfolgt, was zu Hungerattacken und Gier führt."* Kommentar: *„Der Gedanke, dass ich wegen einer Hungererfahrung unmittelbar nach meiner Geburt ein Leben mit ‚Essen verschlingen' verbringen soll, nervt mich zunehmend. Diese Theorie scheint mir bescheuert, und ich fühle mich unfrei und eingesperrt in eigenen Denkmustern!"* Hier fühlt man sich wieder an jene Ketten erinnert, von denen Elizabeth Gaskell geschrieben hat. Der Vorsatz, diese auch als belastend erlebte Gewohnheit zu ändern, ist gefasst. Auch ein Abschied von der Gewohnheit wird eingebaut: *„Nehme mir vor, am Abend zu schlingen, weil es mein letzter ist."* Dieser Punkt einer bewussten, vielleicht auch rituell gestalteten Abschiednahme kann das Leben „zwischen zwei Gewohnheiten" erleichtern. Daneben hilft es, wie gesagt, auch, Situationen zu vermeiden, in denen sich

Auslöser für jene Gewohnheit zeigen, die man eigentlich vermeiden wollte. Dem kann man jedoch nicht immer ausweichen, das ist auch eine Frage des sozialen Drucks. *„Esse am frühen Abend bei meiner Freundin ihr Geburtstagsessen, esse bewusst und langsam, trotzdem viel zu viel und viel mehr, als ich möchte, um meine Freundin nicht zu kränken, indem ich ihr Essen verschmähe."* Wir leben in einer Welt, in der wir immer wieder zwischen Gütern („Freundin nicht kränken" versus „Vorsatz halten") wählen müssen. Hier kommt auch das hinzu, was man in der Gestaltung von Veränderungen die ermöglichende Umgebung nennt. So fällt es in der Fastenzeit leichter, auf bestimmte Genussmittel zu verzichten, wenn das viele Menschen in einem kulturellen Kontext so pflegen. Sorgsamer Umgang mit Essen wird durch den Besuch einer Geburtstagsfeier oder das Feiern des eigenen Geburtstages im Kreise von Freundinnen und Freunden nicht unbedingt leichter gemacht. Bestimmten, aber nicht allen Situationen kann man aus Klugheitsgründen ausweichen. Das kann einen auch zu listigen Strategien führen, die das Halten des Vorsatzes erleichtern. Beispiel: *„Abends tanzen, keine Zeit und kein Bedürfnis nach Essen"*; einige Tage später: *„Abends tanzen, dann bewusst und wenig, genussvoll"*; oder: *„Gehe abends laufen, danach langsam und ein bisschen essen"*; oder auch: *„Treffe mich abends mit einer Freundin, machen langen Spaziergang, intensive und berührende Gespräche, bisschen Hunger, den ich gut unterdrücke, da ich* *mich emotional so genährt fühle.*" Letzteres ist natürlich keine Strategie, sondern die gute Erfahrung, dass das hinter einem Auslöser stehende Bedürfnis auf verschiedene Arten befriedigt werden kann. Dietrich Bonhoeffer hat dafür den Begriff „Polyphonie"[101] geprägt; das Leben ist von vielen Klängen und Musikinstrumenten und Dimensionen gekennzeichnet. Diese vielen Dimensionen erlauben Freiräume, die aus den oben erwähnten Ketten herausführen: *„Ich beschließe, neue Erfahrungen zu speichern, nämlich die, dass ich bis jetzt nicht verhungert bin und im Überfluss lebe. So beginne ich bewusst während des ganzen Tages weniger zu essen und damit mein Hungergefühl zu reduzieren, gleichzeitig, die Fülle, in der ich lebe, zu speichern (riechen, schmecken, spüren)."* Das Brechen mit einer Gewohnheit fällt offensichtlich leichter, wenn sich mit dieser Gewohnheit negative Erfahrungen einstellen: *„Bemerke, dass ich mich jedes Mal schwächer und weniger gesund fühle, wenn ich am Vortag viel gegessen habe."* Und es fällt noch leichter, wenn sich mit dem Ablegen der Gewohnheit nach einem Monat gute Erfahrungen einstellen: *„Ich fühle mich körperlich stärker mit weniger im Magen; positiver Zusatzeffekt: ca. 2 kg abgenommen."* Und dann helfen stets ein klares Ziel und ein klarer Zeithorizont: *„Ich möchte gern diese neue Gewohnheit mein Leben lang behalten und werde für mich in einem Jahr eine Zielevaluierung machen, hab's schon im Kalender notiert."*

`10

Gewohnheiten
kultivieren

Es sind vor allem drei Zutaten, die man verwenden muss, um eine neue Gewohnheit zu etablieren – ein Was (Was will ich mir zur Gewohnheit machen?), ein Warum (Warum will ich mir eine bestimmte Gewohnheit aneignen?) und ein Wie (Wie will ich es konkret anstellen?). Gerade das Wie wird manchmal unterschätzt.[102] Wie kann in einer alltagstauglichen Weise eine neue Gewohnheit angeeignet und dann prägender Teil des eigenen Lebens werden? Wenn eine Gewohnheit „kultiviert" worden ist, ist sie Teil der „zweiten Natur", Teil der Lebenskultur geworden. Entsprechend verändert sich durch eine neue Gewohnheit auch der eigene Lebenskontext gemäß Pullovereffekt und Dominoeffekt. Die drei Kernzutaten weisen jedenfalls darauf hin, dass die Kultivierung einer Gewohnheit auf Klarheit und Definition („Was"), Begründung, Rechtfertigung und Motivation („Warum") und einen Umsetzungsplan und Modus („Wie") angewiesen ist.

Natürlich steht auch eine neurowissenschaftliche Sprache zur Verfügung, um die Aneignung einer neuen Gewohnheit oder das Brechen mit einer alten Gewohnheit zu beschreiben: Neurologische Muster prägen sich ein, überschreiben alte Muster; Gewohnheiten reduzieren Aufwand und Kosten für das Gehirn, die Ausbildung neuer Reaktionen erfordert Aufmerksamkeit und Konzentration, Gewohnheiten sind neuronal vergleichsweise billig. Ohne Gewohnheiten, die nach dem Muster „Auslösereiz–Routine–Belohnung" funktionieren, wäre das Gehirn chronisch überfordert. Mentale Energien können aufgrund von Gewohnheitsbildung für anderes als für die aktuelle Handlungsplanung verwendet werden – sodass die Frage nach explizit gestalteter Gewohnheitskultur immer auch die Frage nach dem guten Leben (Welches Leben will ich führen?) und die Frage nach dem guten Charakter (Welche Persönlichkeit will ich entwickeln?) stellt.[103] Auf der Suche nach der Kultivierung von Gewohnheiten gilt der Blick also dem Auslöser (Welcher Reiz?), der Routine (Welcher Handlungsablauf?) und der Belohnung (Welche Gratifikation?). Eine neue Gewohnheit kann am ehesten dann etabliert werden, wenn klare Auslöser mit einer einfachen Routine beantwortet werden und zu einer glücksmomentgebenden Belohnung führen: Es gilt die Störungsanfälligkeit dieser Verbindung zu reduzieren und die Gewohnheit möglichst krisenfest zu gestalten. Grundsätzlich lässt sich sagen, dass nahezu alles zu einem Auslöser gemacht werden kann – das ist insofern eine gute Nachricht, als man in unterschiedlichen Umgebungen mit unterschiedlichen Auslösern übereinstimmende Routinen einrichten kann.

Sehen wir uns zwei Beispiele für die Kultivierung von Gewohnheiten an:

Carmen, die mit ihrem Mann und den drei Töchtern in einem Dorf lebt, lässt sich auf ein 30-Tage-Experiment ein, sie will sich angewöhnen, sorgsam(er) mit Energie umzugehen, genauer gesagt mit dem Verbrauch von Wasser, Strom und Gas. Ihre Motivation entnimmt sie der Lektüre über die Auswirkungen von Energieverschwendung, der ökologischen Sensibilität ihrer Kinder und dem christlichen Auftrag zur Bewahrung der Schöpfung. Zunächst stellen sich hier eine Reihe von Fragen – das ist die Informationssammlungsphase (Wissenskumulierungsphase) beim Kultivieren einer neuen Gewohnheit: *„Wie steht es um unsere elektrischen Geräte (Waschmaschine, Geschirrspüler, Bügeleisen, Elektroherd)? Den Fernseher benutzen wir fast nie, er ist ganz überaltert und kaputt – also: Welchen Fernseher oder überhaupt einen? Computer ist nicht mehr wegzudenken – aber welchen? Wie sind wir anderweitig ausgerüstet – Regentonne? Wo gehe ich einkaufen und welche Produkte kaufe ich in Zukunft? Wann brauche ich wirklich das Auto?"* Ein kurzer Moment der Verwirrung und Verzweiflung: *„Also, wo beginnen?"*

Sie beginnt mit vielen kleinen Schritten; auch das ein interessanter Punkt: Wenn man sich eine neue Gewohnheit aneignet, kann man an einem Punkt anfangen, und auch hier wird ein Schritt den nächsten ergeben, geht es doch vor allem um die Veränderung einer Haltung, die sich dann in vielen Bereichen zeigt. Carmen reduziert das Autofahren: *„Das wurde für mich ein kleineres Opfer, als ich mir vorher vorstellte – ich fahre nun mehr Rad, gehe zu Fuß oder benutze auch öfter die Bahn."* Carmen ändert das Konsumverhalten: *„Ich stelle das Einkaufen in Supermärkten drastisch ein – gehe im*

Ort zum Bauernmarkt, kaufe die übrigen Lebensmittel und Pflegeartikel vor Ort – und überlege stets, wo ich auf umweltfreundliche Produkte umsteigen kann"; auch den Umgang mit Papier: *„Ich achte darauf, dass nichts mehr unnötig ausgedruckt wird, bzw. für Testdrucke und für den Privatgebrauch benutze ich Altpapier."* Hier zeigen sich eine Sensibilisierung in Bezug auf ökologisch relevante Gewohnheiten und die Herausbildung einer neuen Haltung der Achtsamkeit, die das, was selbstverständlich war, hinterfragt, Alternativen zum eingeschliffenen Status quo suchen lässt und ein neues Problembewusstsein schafft.

Kernstück des 30-Tage-Experiments ist der Wasserverbrauch: *„Ein besonderes Augenmerk habe ich auf meinen verschwenderischen Wasserverbrauch gelegt – dies ist eines meiner größten Laster. Als Kind wurde ich sehr zum Sparen aller Energien angehalten. Jedoch seit ich Mutter bin, ist ein ‚langes' Duschen am Abend zu einem meditativen ‚Erholungs- bzw. Entspannungsritual' geworden, wo ich den Tag rückblickend betrachte und über ‚Gott und die Welt' nachsinne."* Hier stellt sich also die Herausforderung, eine Gewohnheit durch eine andere zu ersetzen. Der Hinweis auf die Kindheit macht wieder deutlich, dass Gewohnheiten viel über unsere Geschichte erzählen, eine symbolische Sprache sprechen.

Carmen erfährt, wie viel Wasser durch „kleine Praktiken" verbraucht wird: *„Es ist erstaunlich, welche Mengen Wasser beim kleinen Abwasch, Kochen und Kurz-mal-*

die-Hände-Waschen verbraucht werden." Diesen Faktor kann man vielleicht mit Katrin Hartmann als „Ende der Märchenstunde"[104] bezeichnen: ein realistischer Blick auf Größenordnungen und Konsequenzen, ohne „Eumorphien", wenn ich dieses Kunstwort kreieren darf, ohne „geschönte Gestalten", die die Hemmschwelle einer Gewohnheitsveränderung höher erscheinen lassen, weil der Veränderungsdruck so groß nicht wirkt. Hilfreich für Carmen war auch ein inneres Bild: *„Am Beginn dieser Wassereinsparungen dachte ich an Camping-Urlaube bzw. an den Süden, wo ich keinen Liter Wasser aus der Leitung trinken kann. Wie kostbar ist an diesen Orten jeder gekaufte und getragene Liter Wasser und wie sparsam verwende ich diese dann auch. Das Schöne bei dieser Sammlerei also ist, dass ich mir jetzt zu Hause immer wie im Urlaub vorkomme."* Dieses innere Bild, das sich auf eine entsprechend lebendig erinnerte Erfahrung bezieht, ist orientierungs- und motivationsstiftend.

Carmen erfährt bei den Wassersparversuchen auch immer wieder *„die Macht der Gewohnheit"*, ohne nachzudenken im Badezimmer oder in der Küche auf gewohnte Weise Wasser zu verschwenden. Doch nach einem Monat sind die Gewohnheiten schon einigermaßen gefestigt – mittlerweile ist die ganze Familie involviert; als „Familienprojekt" hat die Arbeit an Energiegewohnheiten zusätzliche Effekte in Bezug auf gegenseitige Motivierung bzw. das soziale Monitoring sowie ein Zusammenrücken durch gemeinsame Anliegen und geteilte Ziele. Die Haltung, die der Arbeit an neuen Verhaltensweisen zugrunde liegt, ist Teil der Persönlichkeit, unbeschadet des Ortes. Die neuen Gewohnheiten werden auch unterwegs umgesetzt: *„Was für mich jetzt bereits zu Hause selbstverständlich ist, wird mir auch auswärts zu einem Anliegen. Ich schalte unnötige Lampen und Elektrogeräte aus, verkürze selber die WC-Spülung, dusche kurz, drehe unnötig warme Heizungskörper ab etc."*

Was Carmens Erfahrung besonders „gewürzt" hat, sind messbare Ergebnisse. Sie kann Wasser-, Strom- und Gasverbrauch ablesen; gewissenhaft werden die Verbrauchswerte notiert, geprüft und verglichen. Aspekte von Objektivierung und Messbarkeit können als Quellen von Erfolgserlebnissen die Motivation hochhalten. Dazu kommt eine wissenschaftliche Komponente bei dieser Gewohnheitsveränderung: Wie kann man Energieverluste senken (bautechnische Fragen)?[105] Das macht die Gewohnheitsveränderung auch zu einem Forschungsabenteuer und einer Entdeckungsreise. Das Bild der Reise ist interessanterweise auch eines, das Tiziano Terzani nach seiner Krebsdiagnose verwendete. Er stellte seine Lebensgewohnheiten radikal um und empfand diese Schritte als Ausdruck einer spannenden „Reise ins Unbekannte".[106] Man könnte auch eine Gewohnheitsveränderung als Reise in ein unbekanntes Land ansehen, in dem es gilt, eine neue Sprache zu erlernen und neue Gebräuche; man lernt Menschen kennen, macht Erfahrungen, die man noch nie gemacht hat und sonst nie gemacht hätte, sammelt Eindrücke ...

Ein zweites Beispiel für die Kultivierung von Gewohnheiten: Bernadette, eine Studentin, die in einem Studentenheim wohnt, möchte sich angewöhnen, ökologisch verträgliche Kosmetika zu verwenden. Auch sie steht, ähnlich wie Carmen, vor der Frage nach dem guten Anfang: *„Wie fang ich wo warum am besten an? Ich möchte Bücher lesen – aber welche? E-Mails schreiben – aber wohin? Leute interviewen – aber was betreffend? Atemberaubende Versuche starten – aber wie? Andere Leute beeindrucken – aber wodurch?"*

Nun eine geradezu buddhistische Einsicht – die Einsicht in die Bedeutung des Hier und Jetzt: *„Wahrscheinlich ist es am besten, einmal langsam und ganz von vorne zu beginnen: Ich setze zuerst bei mir an, bevor ich meine ethischen Fühler langsam nach außen ausstrecke, um Neues zu erkunden. Also ich fange hier um mich herum an und beginne, die wenigen Quadratmeter meines Zimmers im Studierendenheim nach kosmetisch Relevantem abzusuchen. Sofort stechen mir drei Dinge ins Auge, die, laut meiner Auffassung, zum Bereich Kosmetik gehören: der neue Nagellack auf dem Schreibtisch, der Föhn am Boden und eine Handcreme ... oder was gehört denn nun alles zu meinem Bereich dazu? Eigentlich weiß ich da gar nicht so richtig Bescheid."* Die Einsicht, dass jede Gewohnheitsveränderung mit einem ersten Schritt beginnt, der im Hier und Jetzt angesiedelt ist, ist hilfreich und tief, entpflichtet aber nicht davon, Orientierungswissen zu sammeln und den Auftrag abzuklären, um eine Vereinbarung mit sich selbst schließen zu können. So macht sich Bernadette, nachdem sie sich entschlossen hat, mit ökologischer Verantwortung an Fragen der Körperpflege heranzugehen, an die Klärung des Begriffs „Kosmetik". Sokrates hätte das sicherlich begrüßt. Bernadette erkennt – wieder das Motiv „Ende der Märchenstunde" – die schiere Menge der von ihr benutzten Produkte. Sie besitzt so ziemlich alles, was sie in einem Orientierungsartikel zum Thema Kosmetik gefunden hat, mehr noch: *„Wenn ich so recht nachdenke, hab' ich aber meine kosmetischen Produkte nicht nur hier im Studentenheimzimmer, sondern auch verteilt in meinem Elternhaus und bei meinem Freund. Ich besitze also zum Teil eine Dreifachausführung von den Produkten."*

Die Tugend, die hier kultiviert wird, nennt man gerne Nüchternheit – die Tugend des Realitätssinns, der sich nicht durch Enthusiasmus oder starke Überzeugungen zu den angesprochenen Eumorphien verführen lässt. Die Phase der nüchternen Orientierung ist im Falle Bernadettes durchaus anspruchsvoll: *„Als ich zugesagt habe, war mir nicht bewusst, welch riiiieesigen Bereich ich gewählt hab' und wie sehr er mein Leben, vor allem meine morgendlichen Stunden, betrifft. Die meisten Produkte verwende ich ja am Morgen. Aber ich nehme das endlich mal zur Gelegenheit, wieder etwas Ordnung hineinzubringen ... in meinem Badezimmer und in*

*meinem Kopf. Mittelfristig gesehen. Zuerst muss ein Plan
her. Da ist wohl etwas Hausverstand und Recherche notwendig."*

Man ist fast versucht, an Sunzis klassische Schrift
über die Kunst des Krieges zu denken. Sunzi spricht
auch von der Notwendigkeit des nüchternen Plans. Die
innere Ruhe ist entscheidend – Sunzi mahnt, dass kein
General aus Verärgerung eine Schlacht beginnen sol-
le.[107] Auch der Kampf mit Gewohnheiten ist mit innerer
Ruhe, Nüchternheit und einem klaren Plan zu führen.
Dabei rät Sunzi zur maßvollen Konsequenz: „Die Kunst,
Befehle zu geben, besteht darin, bei kleinen Verstößen
nicht zu hart zu strafen und bei kleinen Zweifeln nicht
zu schwanken."[108] Dieser Hinweis steht in einer gewissen Spannung zur streng jesuitischen Denkart von Jerónimo Nadal, der weiter oben erwähnt wurde. Auch hier
gilt die Einsicht, dass jeder Mensch seinen eigenen „Stil"
wird finden müssen. Gretchen Rubin schreibt in ihrem
Blog von „decoy habits", also von „Lockvogelgewohn-
heiten" – Gewohnheiten, die eine Person behauptet,
sich aneignen zu wollen, aber nicht wirklich innerlich
beabsichtigt.[109] Es ist dann eine Frage des persönlichen
Stils, die je eigenen Gewohnheiten und Gewohnheitsveränderungen zu identifizieren, was besagten nüchternen Selbstsinn voraussetzt. Nüchterne Erkenntnis
ist jedenfalls nach Sunzi Voraussetzung für gelingenden
Kampf: Wer sich selbst und den Feind kennt, braucht
keine Angst vor der Schlacht zu haben.[110]

Bernadette geht mit Nüchternheit an ihr Vorhaben heran. Dazu gehört eine Inventur: *„In meinem Schrank befinden sich, grob gesprochen, die, oh Schreck, folgenden viel zu vielen Produkte, die sich dann, im Nachhinein betrachtet, in verschiedene Unterkategorien einteilen lassen: Reinigungs- und Pflegeprodukte, Düfte. Also: 2 x Haarshampoo, Haarbalsam, Haarspray, Haargel, Haarwachs, Föhnschaum, 2 x Duschgel, Peeling, Seife, Nagellack, Nagellackentferner, Nagelpflegestift, Nagelfeile, Nagelschere, 2 x Deo, Parfum, 2 x Körperlotion, Glitzer-Körperlotion, Freuchtigkeitscreme, Rasierschaum, Rasierer und 3 Klingen, Zahnpasta, Zahnspülung, Sonnencreme, After-Sun-Creme, 3 x Lidschatten, 2 x Wimperntusche, 3 x Kajal, Puder, Wattestäbchen, Abdeckstick, Make-up-Creme, Make-up-Entfernerpads, Shampoo + Duschgel im Kleinformat (zum Bergsteigen), 2 x Erfrischungsmaske, Massageöl … Hm, ich glaub', das war's. Ist das viel für eine 24-jährige Studentin, die in Mitteleuropa lebt (= studiert, ausgeht, Leute trifft, Hobbys nachgeht, manchmal arbeitet etc.)?"*

Eine Inventur gibt Überblick, mitunter Anlass zum Erstaunen oder Erschrecken und lässt die Ausgangssituation erkennen. Neben dem Anfangspunkt ist wohl auch der Zielpunkt entscheidend. Wohin soll die Gewohnheitsreise gehen? Auch darüber hat sich Bernadette Gedanken gemacht: *„Die Frage, die ich mir jetzt am Anfang des Projekts stelle und die mir eigentlich viel Sorgen bereitet, ist: Wäre es nicht sinnvoll (dieses Wort wurde auserwählt aus: ‚notwendig', ‚eine Voraussetzung',*

‚den Erwartungen entsprechend' und eben ‚sinnvoll'), alle kosmetischen Produkte wegzulassen, um ethisch sensibel zu leben? Also möglichst selten nur mit Wasser duschen und fertig ... Es gibt sicher manche Leute, die dies praktizieren würden. Und es – wahrscheinlich aus unterschiedlichen Gründen – auch tatsächlich tun. Und ich als eben beschriebene 24-jährige mitteleuropäische Studentin? Mit ihren viel zu vielen Produkten? Ich kann es nicht. Alles weglassen ... allein der Gedanke daran ist unvorstellbar, geschweige denn, dass ich es – wenn auch nur kurz – durchführen könnte. Dazu bin ich, glaub' ich: zu sehr Frau, zu eitel, zu verwöhnt, zu bequem, zu sehr auf mein seelisches Wohlbefinden fixiert und wohl zu wenig selbstbewusst und und und ..."

Bernadette entscheidet sich – auch dies Teil der Kultur von Nüchternheit – für ein Ziel, das ihr realistisch erscheint: einschränken und bewusst nachkaufen. Dieser Teil der Analyse führt Bernadette zu grundsätzlichen Fragen wie: Was heißt „Wohlfühlen"? Was bedeutet „Zufriedenheit"? Wie steht es um „Gesundheit"? Fragen nach Gewohnheitsveränderungen führen zu grundsätzlichen Fragen über das gute Leben. Diese kann man unter anderem dadurch zu beantworten versuchen, dass man sich Gedanken über Basisgüter, über notwendige Zutaten eines guten Lebens macht. Gewohnheiten sind das Rückgrat eines guten Lebens; die Arbeit an guten Gewohnheiten ist deswegen zentral für das Ringen um gelingendes Leben.

Nach Klärung des Ausgangspunktes und des Ziels verdichtet sich in Bernadettes Experiment die Wissenskumulierungsphase. *„Ich bin mir bewusst, dass ich einen riesen Berg an Informationen vor mir habe, den es gilt, zu erklimmen. Eigentlich schon ein wenig frustrierend. Leo Hickman hatte drei Berater, die ExpertInnen waren auf ihrem Gebiet und seinen ethischen Rucksack zum Bergsteigen packten. Ich bin keine Expertin und hab' das Gefühl, viel zu wenig Zeit zu haben, um umfassend zu recherchieren. Ich habe auch das Bedürfnis nach Beratern, mindestens zehn!"* Kurzer Zwischenkommentar: Nach Thomas von Aquin ist es das Zeichen eines klugen Menschen, sich beraten zu lassen. Es ist im Falle einer Gewohnheitsveränderung sicherlich vernünftig, sich beratende Begleitung zu suchen – zum einen deswegen, weil es zu Abkürzungen auf dem Weg zum Wissen und zu Klärungen führt; zum anderen, weil durch die Einbeziehung kompetenter anderer ein bestimmter informierter sozialer Druck aufgebaut wird, der die Veränderungsphase in Momenten der Schwäche stützen kann.

Auch im Falle Bernadettes, ähnlich wie bei Carmen, gab es einen Moment von Verwirrung und Verzweiflung: *„Hilfe, je mehr Infos ich sammle, umso größere Lücken öffnen sich! Was verursachen giftige Stoffe genau im Boden und im Wasser? Wie werden die Leute in den Firmen behandelt? Wie genau sind die Zusammenhänge zwischen den einzelnen Firmen? Welche Rolle spielen Macht und Geld? ... Da drängt sich doch glatt die Frage* *auf: Wäre es nicht ethisch sensibler, sich gar nicht zu informieren und im Unwissen zu leben, als dass man sich ständig bewusst wird, wie viel man nicht weiß, wie viel man falsch macht, man sich selbst, den anderen und der Umwelt schadet, allein dadurch, dass man einen österreichischen Alltag lebt?? Ist eine Verweigerung, sich zu informieren, ethisch sensibler?"* Diese Erfahrung „Fass ohne Boden" erinnert an den Pullovereffekt und den Dominoeffekt. Ziehst du an einem Faden, gerät vieles in Bewegung.

Bernadette macht sich auf die Suche *„nach dem bestmöglichen Kompromiss"*. Auch dieser Blick ist Ausdruck von Nüchternheit, der Grundhaltung innerer Festigkeit, die sich nicht durch Quellen des Enthusiasmus wegspülen lässt. Ein Kompromiss ist ein Versuch, alltagstauglich mit Herausforderungen umzugehen, mit einem Sinn für sich selbst und die Realität sich selbst nur jene Lasten aufzuerlegen, die einen Marathon und nicht bloß einen Sprint ermöglichen. In Bernadettes Worten: *„Und das wird wohl eine Gratwanderung. Ein Abwägen. Ein Werteüberdenken. Ein Meine-Werte-Überdenken. Ein Für-und-Wider-Einholen. Und vor allem eine große Informationssammlung."* Ein Kompromiss bezieht sich zum Beispiel auf die Frage, ob es realistisch ist, Zeit in die eigene Herstellung von Naturkosmetik zu investieren. Urteil: *„Die Vorschläge klingen alle recht interessant, einladend, verlockend und vor allem ethisch. Weil sie natürlich natürlich sind. Aber praktikabel? Vielleicht für* einen Beauty-Abend mit Freundinnen. Aber sicher nicht geeignet für meinen Alltag. Es würde einfach zu lange dauern und wäre zu aufwendig."

Bernadette entscheidet sich für eine schrittweise Umstellung; auch das ein hilfreiches Stichwort, das Ausdruck der Nüchternheit ist. In der frühchristlichen Literatur gab es das Phänomen der „Akedie", der inneren Austrocknung oder Erschöpfung; es handelt sich um ein Phänomen, das verwandt ist mit dem, was wir heute als Burn-out bezeichnen. Dieser Zustand entsteht vor allem bei überehrgeizigen und ungeduldigen Menschen, die in zu kurzer Zeit zu viel erreichen wollen und süchtig nach greifbaren Ergebnissen sind.[111] Eine schrittweise Umstellung ist ein vernünftiger Weg, bei Gewohnheitsveränderungen Eintrittsstellen für Erschöpfung zu vermeiden.

Nach einigen Wochen zieht Bernadette ein Zwischenfazit: „In meinem kosmetischen Leben hat sich einiges getan. Ich lasse viele Produkte einfach weg ... die Produkte, die ich verwende, entsprechen zum Großteil den vorgegebenen Richtlinien ... Ich verwende alle Produkte äußerst sparsam. Ich bin ganz erstaunt, dass ich so lange mit einem Duschgel auskomme. Das hat wiederum zur Folge, dass ich nur mehr ganz selten in Drogeriemärkten bin. Zuvor konnte man mich mindestens einmal pro Woche dort finden, was ich, im Nachhinein betrachtet, kaum verstehen kann." Bei jeder Veränderung fallen freilich auch Kosten an – Bernadette versuchte, das

Schminken („Einsatz dekorativer Kosmetik") zu reduzieren, und wurde daraufhin öfter angesprochen, ob sie denn müde sei oder zu wenig geschlafen habe. *„Na ja, da es mein Selbstwert nicht vertragen hat, ständig als müde bezeichnet zu werden, habe ich wieder zu Kajal und Wimperntusche gegriffen."* Auch bei den Veränderungskosten stellt sich die Frage, was nach nüchterner Betrachtung zumutbar ist und auf Dauer durchgehalten werden könnte.

Und letztendlich stellt sich wieder der Pullovereffekt ein: *„Was mir aufgefallen ist, ist, dass ich nun etwas weniger spontan bin. Die Spontaneität als Zeichen eines freien, selbstbestimmten Lebens ist etwas gehemmt, wenn ich in der öffentlichen Toilette automatisch zum Seifenspender greifen will. Oder wenn ich überlege, das Angebot meiner Freundin anzunehmen, ihre Handcreme zu benutzen. Oder wenn mir eine neue Sorte Labello ins Auge sticht und ich aber meine Naturkosmetik-Lippenpflege in der Tasche habe."* Hier deutet sich eine Veränderung der inneren Haltung durch die Gewohnheitsveränderung an. Und: *„Ich bin in die Irre geführt worden. Es ist nämlich gar nicht möglich, sich nur auf die Kosmetikgewohnheiten zu beschränken! Unser Kopf lässt das nicht zu! Ganz automatisch denke ich nun auch andere Aspekte wie Lebensmittel, Putzen, Kleidung und Müll mit."* Bernadette hat auch ihre Einkaufsgewohnheiten, Essgewohnheiten, Mülltrennungsgewohnheiten verändert. Ziehst du an einem Faden ...

11

Schlangen und
Versuchungen

Gewohnheiten sind wie das Rückgrat eines Lebens; sie lassen den Menschen aufrecht gehen, auch wenn es bequemer wäre, sich hängen zu lassen. Anthony Trollope, der im Laufe seines 67-jährigen Lebens 46 Romane veröffentlichte, folgte einer Routine, die er, unerbittlich mit sich selbst, verteidigte: Um 5.30 Uhr saß er an seinem Schreibtisch; er bezahlte einen Mann, der ihn nachdrücklich zu wecken hatte. Dann schaffte es Trollope, drei Stunden intensiv zu arbeiten. Im Laufe der Jahre wurde es ihm ein Leichtes, drei Stunden lang produktive Arbeit zu leisten. Sein Trick bestand also darin, es sich selbst ja nicht zu erlauben, aus der Routine herauszufallen, sich selbst durch eine äußere Struktur (den Mann, der ihn in den Morgen geleitete) in die Routine zu zwingen.[112] Eine Versuchung ist „ein Anreiz zur Sünde". Trollope hat solchem Anreiz zur Sünde, wenn es um die Arbeitsdisziplin ging, keinen Raum gegeben. Eine Versuchung hängt von inneren Zuständen des Menschen (Stärke von Überzeugungen, Willensstärke, Selbstdisziplin) und äußeren Faktoren ab – etwa der Gestaltung der Umgebung, wie wir gesehen haben. Zeitdisziplin ist wohl ein Versuch, die inneren und die äußeren Faktoren zusammenzuführen. Auch der berühmte Schriftsteller Wystan Hugh Auden, der über 400 Gedichte und über 400 Essays verfasste, sah Disziplin, vor allem Zeitdisziplin, als den Schlüssel seines Erfolgs an: Man müsse sich für den Tag etwas Konkretes vornehmen, und wenn man immer zum selben Zeitpunkt dasselbe mache, habe man mit Ablenkungen keine Probleme.[113] Dieser Rat ist wertvoll: Wenn sich das eigene Verhalten nach einem Auslöser orientiert, dem man keine Alternative gegenüberstellt, kann sich entsprechendes Tun selbstverständlich einstellen; etwa: der Wecker läutet – ich stehe auf; hier gibt es die Option, sich noch einmal umzudrehen, nicht; in dem Moment, wo ich diese Option schaffe, kann es zur Aufweichung des Verhaltens kommen. Ähnliches gilt, wenn man mehr und mehr Ausnahmen und Sonderfälle mit sich selbst aushandelt. C. S. Lewis hat in seiner Schrift „Dienstanweisung an einen Unterteufel" über Strategien der Verführung nachgedacht.[114] Fehlende Begründungen, verschwommene Vorstellungen über das Gute und Richtige sind hier ebenso „hilfreich" wie das Abfallen von der Erfüllung täglicher Pflichten und die Flucht in Formlosigkeit und Regellosigkeit. Entsprechend kann man sich fragen: Du fasst einen Vorsatz; was wäre nun die beste Methode, dich dazu zu bringen, diesen Vorsatz zu brechen?

Die Stimme der Versuchung ist süß, wie wir aus dem Schöpfungsbericht wissen, in dem Eva von der Schlange dazu gebracht wird, die Frucht vom verbotenen Baum zu nehmen; die Stimme der Versuchung verharmlost einen Bruch oder eine Übertretung: „Es ist ja nur dieses eine Mal" ist eine beliebte Formulierung dieser Stimme; damit wird leichtfertig etwas zur Ausnahme erklärt. Versuchung bedeutet: Ein Wunsch tritt auf, der sich gegen ein für wichtig erachtetes Ziel richtet. Roy Baumeister hat mit einem Team diesen Konflikt zwischen Begehren/Wunsch auf der einen Seite und Ziel/Vorsatz auf der anderen Seite untersucht.[115] 205 ausgewählte Erwachsene trugen eine Woche lang einen Piepser bei sich; wenn sie einen Wunsch verspürten, haben sie ihn ausgelöst und auf Grundlage dessen 7827 Kurzberichte über aufsteigende Wünsche notiert. Die meisten der aufsteigenden Wünsche, so zeigte diese Studie, sind harmlos. Wünsche, die mit gewichtigen Zielen in Konflikt geraten, werden unterschiedlich gehandhabt, unter anderem abhängig von Hemmschwellen und Selbstkontrolle (Alkoholkonsum lässt Versuchungen schwerer widerstehen), aber auch von Präsenz und Verhalten anderer Personen – es ist in Anwesenheit anderer leichter, einer Versuchung zu widerstehen, aber schwerer, wenn andere Personen der Versuchung bereits nachgegeben haben. Die Studie lädt dazu ein, zwischen persönlichen und situationsgebundenen Faktoren zu unterscheiden. Ausschlaggebend ist die Hemmung, wie Daria Knoch und Ernst Fehr gezeigt haben.[116] Hemmung ist mit Selbstkontrolle verbunden, ein Aspekt, der in vielen Lebensbereichen relevant ist. Die Frage nach Versuchungen ist nicht nur eine theologische Frage – auch Banken analysieren die Disposition zu Selbstkontrolle und Versuchung.[117]

Wie wird Hemmung aufgebaut? Unter anderem dadurch, dass das Ziel, um das es geht, ebenso klar vor Augen steht wie der Preis, der für ein Abfallen von diesem

Ziel zu entrichten sein wird. Die plastische Darstellung von Hölle und Fegefeuer hatte unter anderem mit dem Kampf um gute Gewohnheiten und die Standfestigkeit in Situationen der Versuchung zu tun. Dabei gilt wohl: Je schwächer die Gewohnheit, desto leichter ist sie zu brechen. Die Stärke einer Gewohnheit wiederum hängt mit Dauer und Tiefe und Klarheit zusammen, aber auch mit der Umgebung, die den Kampf mit Versuchungen erleichtern oder erschweren kann. Versuchungen werden auftreten, Widrigkeiten stellen sich ein: Aufgrund der Entfernung zur seinerzeit so motivierenden Ausgangssituation lässt die Motivation nach, die Klarheit des Entschlusses verblasst, besondere Umstände, die die Regelmäßigkeit durchbrechen, treten auf, die innere Disposition ist etwa aufgrund von Belastungen geschwächt, wie wir es in Ediths Experiment gesehen haben.

Versuchungen sind jene Impulse, die uns von einem Vorsatz abzubringen drohen; Versuchungen zu widerstehen ist mit einem Kraftaufwand verbunden. Alessandro Bucciol, Daniel Houser und Marco Piovesan haben in einer Studie herausgefunden, dass die Arbeitsleistung sinkt, wenn die Angestellten gezwungen sind, viel an Willenskraft aufzubringen, um Versuchungen während der Arbeitszeit zu widerstehen – wenn etwa die Nutzung des Internets eingeschränkt ist.[118] Hier kann der kluge Umgang mit Versuchungen wohl heißen, die Latte nicht zu hoch zu legen, damit nicht zu viel Kraft in der Auseinandersetzung mit Anreizen verloren geht. Der Umgang mit Versuchungen wird gerne als Kampf beschrieben, wie wir gerade gesehen haben. Nun kann man aus dem zitierten Werk Sunzis über die Kunst des Krieges einige Anregungen für den Kampf mit Versuchungen gewinnen. „Die Kunst des Krieges lehrt uns", so Sunzi, „nicht darauf zu hoffen, dass der Feind nicht kommt, sondern darauf zu bauen, dass wir bereit sind, ihn zu empfangen."[119] Es scheint also realistischer zu sein, das Leben auf die Versuchung einzurichten und nicht davon auszugehen, dass man einen Lebenskontext aufbauen wird können, der der Versuchung keinen Raum gibt. Hilfreich ist im Kampf der Blick auf ein „Telos", auf ein klares Ziel.[120] Eine eindeutige Antwort auf die Frage „Worum geht es eigentlich?" kann Kraft in Stunden der Versuchung verleihen. Dazu kommt der soziale Faktor: Im Umgang mit dem Gegner, also der Versuchung, ist es anzuraten, sich nicht leichtsinnigerweise unnötigem Druck auszusetzen, sich nicht in die Isolation zu begeben und vor allem: in Bewegung zu bleiben, in unterschiedlichen Situationen unterschiedlich zu reagieren.[121] Die beste Voraussetzung für das Bestehen in der Versuchung ist, so kann man Sunzis Kriegskunst verstehen, die innere Ordnung. Ohne Harmonie im Staat kann kein Feldzug unternommen werden, lehrt der Meister der Kriegskunst.[122] Ein geordneter Innenraum, wie wir bei Martha gesehen haben, ist entscheidend, um in Stunden der Versuchung nicht schwach zu werden – wir haben auch gelernt, dass ein wichtiges Werkzeug zum Aufbau innerer Ordnung ein „Gewohnheitstagebuch" ist.

Rita hat sich auf ein 30-Tage-Experiment eingelassen: Sie wollte eine meditative Übung in bestimmter Körperhaltung nach dem Aufwachen und vor dem Einschlafen zur Gewohnheit werden lassen. Ihre Gedanken nach einem Monat kreisen um Begriffe wie „Reiz", „Überwindung", „Gefahr", „Struktur", „Disziplin", „Versuchung": *„Eine neue Gewohnheit zulegen. Bewusst. In der Gewissheit, dass nur die Regelmäßigkeit mögliche Früchte bringt. Etwa zehn Minuten am Morgen und zehn Minuten vor dem Einschlafen. Eine ins Gebet eingebettete Übung in bestimmter Körperhaltung. Bei der Ungestörtsein und Stille vonnöten sind. Anfangs der Reiz des Ausprobierens. Kein Problem am Abend. Genug Zeit. Den Tag mit dieser Gewohnheit ausklingen lassen. Die ‚Gefahr' des dabei Einschlafens ist größer als angenommen. Schwieriger, die Übung am Morgen durchzuführen. Vor dem Aufstehen. Das kostet eine gewisse Überwindung. Nicht jeden Tag, aber doch immer wieder einmal. Ausprobieren, ob es besser ist, nach der Übung ihr noch einmal nachzuspüren und hinterherzudenken. Und erst dann aufzustehen. Erleben, wie die Gewohnheit zur Struktur wird – nicht zu unterschätzen in einem Leben allein. Aber auch Disziplin erfordert. Der latenten Versuchung zu widerstehen, die gute Gewohnheit wieder einschlafen zu lassen. Nicht gleich, nicht zur Gänze, aber doch so nach und nach. Ge-*

wohnheit als morgendliche und abendliche Herausforderung. Letztlich als Kraftquelle."

Die Erfahrung erzählt von der Bedeutung des Experimentierens mit Lebensgewohnheiten und Lebensstil im Dialog zwischen dem „Versuch, es machbar zu gestalten" und der „Versuchung der Bequemlichkeit". Ein Schlüsselwort im Zusammenhang mit dem Umgang mit Versuchungen ist „robuste Identität".[123] Dies ist eine Form von Identität, die Widrigkeiten standhält, ohne zusammenzubrechen. Sie wird von Quellen gespeist, die durch äußere Umstände nicht so leicht blockiert werden können. Ein Beispiel: Judith Levine, eine amerikanische Journalistin, hat versucht, ein Jahr nur Notwendiges zu kaufen und sich allen Versuchungen, auch Unnötiges zu erstehen, zu widersetzen.[124] Es war eine eigenartige Erfahrung für sie, weil sie sich stets Versuchungen ausgesetzt sah. Sie beschreibt, wie die Werbetafeln sie anzuschreien schienen, gerade weil sie ihre Kaufabstinenz, ihr Keuschheitsgelübde witterten. Sie hielt durch, weil sie starke Überzeugungen hatte, durch ein Buchprojekt Gewinn aus der Erfahrung zog und über sozialen Rückhalt wie auch Erfindungsgeist verfügte – sie musste schließlich kreativ werden, um den sozialen Erwartungen gerecht zu werden, etwa angesichts der Einladung zu einer Hochzeit mit der Verpflichtung, ein Hochzeitsgeschenk zu bringen, das aber aufgrund von Levines Experiment nicht gekauft werden durfte. So gesehen ist „robuste Identität" auch auf Kreativität und innere Beweglichkeit angewiesen. In Judith Levines Fall kam noch ein solides Selbstbewusstsein hinzu, sich gegen den Strom zu stellen, ohne im Selbstwertgefühl gänzlich abzusacken, ein Punkt, der auch in Bernadettes Erfahrung eine Rolle gespielt hat. Judith Levine konnte also ihre Einkaufsgewohnheiten aufgrund einer robusten Identität verändern und entsprechenden Versuchungen widerstehen, weil sie über starke Überzeugungen und Motivationen, ein starkes Selbstwertgefühl, soliden sozialen Rückhalt (die Unterstützung durch ihren Partner und den Freundeskreis) und lebendige Kreativität verfügte. Die Erfahrung, dass Versuchungen mithilfe von Erfindungsgeist bewältigt werden können, musste auch Mark Boyle machen, „der geldlose Mann", der sich vorgenommen hatte, ein Jahr ohne Geld zu leben.[125] Mark Boyle machte die Erfahrung, dass „Geldgewohnheiten" das Leben derart erleichtern, dass uns gar nicht bewusst ist, was alles zum Problem werden *könnte*. Durch den Bruch mit diesen Gewohnheiten wird das Leben, so seine Erfahrung, anspruchsvoller, weil man mehr zu überlegen hat und erfindungsreicher sein muss. Wenn man gedankenlos über Geld verfügt, kann man viele Probleme ohne größeren intellektuellen Aufwand lösen; wenn man kein Geld hat, vergrößert sich der Aufwand, die einfachsten Aufgaben – ein Pflaster, ein Kugelschreiber, ein Feuerzeug – werden zu aufwendigen Expeditionen, bei denen der mentale Aufwand enorm hoch ist. Immer wieder sah sich Boyle Versuchungen ausgesetzt, aus dem Experiment auszusteigen, aber ähnlich wie bei Judith Levine waren es Bindungen (an Überzeugungen, Ziele, Freundinnen und Freunde), die das Durchhalten ermöglichten, also: robuste Identität.

Freilich, robuste Identität kann nicht einfach hergestellt werden. Und, ja, Versuchungen können die Oberhand gewinnen; es ist nicht neu, dass wir in unserem Bemühen, eine Gewohnheit zu verändern, auch scheitern können. Eva, eine junge Frau, wollte im Rahmen ihres 30-Tage-Experiments die störende Gewohnheit des „skin picking" ablegen – *„das ständige Herumzupfen, Zwicken und Drücken an Hautstellen, das oft zur Folge hat, dass ich mich aufkratze, blute und sich als Folge auch Narben bilden"*. Die Umgebung von Eva, vor allem ihr Lebensgefährte, begrüßte den Vorsatz, einen Monat lang konsequent an dieser Gewohnheit zu arbeiten. Eva hatte sich in der Literatur umgesehen und sich lehrbuchmäßig vorbereitet: Um eine Gewohnheit zu verändern, muss man erstens unbewusste Muster erkennen, zweitens einen günstigen Zeitpunkt wählen und sich drittens realistische Ziele setzen. Gewohnheiten lassen sich am besten in lernoffenen Situationen, in „teachable moments", ablegen, in Situationen also, in denen sich die Lebensumstände stark verändern und deswegen eine gewisse Offenheit für Neues gegeben ist. Oftmals kommt ja der letzte Ruck für Veränderung von außen.

Eva beginnt ihren Selbstversuch also mit der Gewohnheit des skin picking. Erste Woche: *„Jedes Mal,* *wenn ich zupfen möchte oder es schon (teil-unbewusst) tue, denke ich relativ schnell an die Vereinbarung, an mein Vorhaben – damit kann ich den Impuls bewusst wahrnehmen und unterdrücken. Das Unterdrücken bereitet mir wenig Schwierigkeiten, der Wunsch, durchzuhalten, ist stärker als der Drang nach dem Ausführen der Gewohnheit. Interessant oder eigentlich auch erschreckend ist, in wie vielen Situationen ich diese Gewohnheit kaum bewusst durchführe – beim Lesen, vor dem Computer, in Gesprächen ... eigentlich immer dann, wenn meine Hände nicht beschäftigt sind. Ich muss ehrlich zugeben, dass ich zuvor zwar wusste, dass ich diese schlechte Gewohnheit habe, aber nicht mal ansatzweise, wie permanent ich das tue. Was mir aber weiterhin nicht ganz klar ist, ist, warum ich es tue, welches Muster dahintersteckt. Ich fühle mich nicht schlecht und auch nicht immer gestresst in den Momenten, wo dieser Impuls kommt. Auch die Situationen, in denen er kommt, sind sehr vielfältig."*

Psychologisch geschulte Leserinnen und Leser werden hier vielleicht erste Schlüsse ziehen können, zumindest werden sich ihnen Fragen aufdrängen. Aus philosophischer Sicht ist der Punkt auffallend, dass der Impuls explizit wird und zutage tritt, im Sinne der Suche nach einem „geprüften Leben", der Reflexion auf das eigene Leben; zweitens ist die Frage nach der Willensstärke („der Wunsch, durchzuhalten, ist stärker ...") interessant; drittens die Frage nach dem Woher und Warum, die freilich vor allem auch eine psychologische Frage ist. Wer Ismail Kadares Roman „Der Palast der Träume" gelesen hat, könnte auf die Idee kommen, dass unbewusste Verhaltensmuster uns in eine Form der Hölle führen können. Denn Kadare beschreibt die Hölle als ein riesiges Gebäude, in dem ein Ministerium mit Hunderten Beamten untergebracht ist; auf schlecht beleuchteten Gängen ohne Hinweisschilder huschen wichtigtuerische Menschen, mit Akten bewaffnet, umher. Auch du bekommst einen Akt in die Hand gedrückt, wirst irgendwo hingeschickt und darfst nicht fragen: Warum? Die Hölle als der Ort, an dem die Frage nach dem Warum ohne Antwort bleibt. Gewohnheiten, die sich einschleichen wie Diebe oder einnisten wie Parasiten, lassen keine einfache Antwort auf diese Frage zu.

Eva setzt ihr Experiment fort: „*Während der zweiten Woche wird die Aufgabe zunehmend schwieriger, in der Arbeit im Büro, beim Lesen auf der Couch, beim Gespräch auf der Terrasse – der Impuls ist immer da. Mein Lebensgefährte weiß von dem Vorhaben und weist mich deshalb besonders häufig darauf hin, wenn ihm auffällt, dass ich zupfe. Mittlerweile bemerke ich es manchmal schon gar nicht mehr sofort. Die Motivation ist schon etwas gesunken, jedoch ist sie groß genug, dass ich versuche aufzuhören, wenn ich den Hinweis bekomme oder es selbst merke. Das ist jedoch gar nicht so leicht. Deshalb versuche ich eine neue Strategie: die unerwünschte Reaktion auf den Reiz durch eine erwünschte zu ersetzen.*" Das ist eine bewährte Methode in der Gewohnheitsforschung: Sobald sich der Impuls, der zur Ausführung der gewohnheitsmäßigen Handlung führt, einstellt, soll dieser Impuls mit einem neuen Verhaltensmuster verbunden werden. Das setzt freilich voraus, dass der Impuls bekannt ist (und isoliert werden kann). *„Die Analyse der Gewohnheitsschleife verläuft jedoch nicht sehr befriedigend. Ich weiß eigentlich noch immer nicht, warum ich das in bestimmten Situationen mache. Ich beginne jedoch trotzdem ab jetzt, jedes Mal, wenn ich den unwiderstehlichen Drang zu zupfen verspüre, mir die Hände fest zu reiben. Ergebnis ist jedoch nicht sehr befriedigend. Kurze Ablenkung ja, aber kein Belohnungseffekt stellt sich ein."*

Auch hier sei wieder ein kurzer Kommentar gestattet: Der soziale Druck (oder auch: die soziale Unterstützung) kann hilfreich sein, das selbstverständlich-unmerklich Gewohnheitsmäßige ausdrücklich zu machen und mit der Erwartungshaltung einer Veränderung zu verbinden. Es ist schwierig, eine Gewohnheit allein auf sich gestellt zu verändern. Dies erkannte schon der Wüstenweise Johannes Cassian. Er stellte in seinen Gedanken zur Lasterhaftigkeit die Laster als schlechte Gewohnheiten dar, die von uns Besitz ergreifen; wenn man nun eine derartige Fehlhaltung in den Griff bekommen wolle, dürfe man nicht leichtfertig nach Einsamkeit streben.[126] Auch hier geht es wieder um die richtige Umgebung. Das geeignete physische wie soziale Umfeld ist ein entscheidender Punkt im Ändern einer Gewohnheit. Eva nannte als weiteren Aspekt eine kluge

Selbstüberlistung in Form einer neuen Gewohnheitsschleife. Man verbindet den gewohnheitsauslösenden Impuls mit einer anderen Gewohnheit. Im vorliegenden Fall war dieses Unterfangen wenig erfolgreich, weil erstens der Grund des Impulses nicht klar war und zweitens die gewählte Ersatzgewohnheit (das Händereiben) einen zu geringen Belohnungseffekt vermittelte.

In der dritten Woche heißt es: *„Ich mache es, erkenne es und kann nicht aufhören. Auch wenn mein Lebensgefährte mir direkt sagt, dass ich es lassen soll, oder es mir selbst ganz klar im Tun auffällt, muss ich weitermachen, bis die Stelle ,erledigt' ist. Ich merke jetzt, dass das Zupfen ein Ventil sowohl für Stress wie auch für Langeweile für mich ist und mir in dem Moment des Tuns ein sehr angenehmes Gefühl verschafft. Dann ist mir für kurze Zeit ,alles egal'. Ich beginne zu zweifeln, ob der Schaden dieser Gewohnheit (vernarbte Hautstellen, Stress für meinen Lebensgefährten, wenn er mir zuschauen muss ...) den Nutzen (Spannungsabbau, Flow-Gefühl) wirklich übersteigt."*

Psychologische Überlegungen beiseitelassend, die sich mit dem Aspekt der Zwanghaftigkeit beschäftigen, könnte man erstens am Satz „Dann ist mir für kurze Zeit ,alles egal'" hängen bleiben. Die Gewohnheit führt in einen gewissermaßen abgeschlossenen Raum, der für Außeneinflüsse unzugänglich ist. Der Raum ist „immun" – geschützt, aber gerade deswegen auch geschlossen; oder auch: geschlossen, deswegen aber auch schutzgebend. Hier wirkt die Gewohnheit als Schutz vor Erwartungen und der Frustration des wiederholten Scheiterns. Zweitens gibt die Kalkulation (Schaden versus Nutzen) zu denken. Gewohnheiten erfüllen einen bestimmten Zweck; sie haben eine Funktion. „In der Natur geschieht nichts umsonst", hieß es im scholastischen Denken. Dieser Nutzen lässt an einer Gewohnheit festhalten, macht es so schwer, mit einer Gewohnheit zu brechen. Natürlich ist diese Kalkulation nur ein Teilaspekt des Umgangs mit Gewohnheiten – Gewohnheiten sind oftmals nur die Spitze des Eisbergs.

Fazit nach vier Wochen: *„Ich bin gescheitert, weil es mir an intrinsischer Motivation gefehlt hat. Es ist nichts, was ich persönlich als wichtig empfinde. Das ist der Schlüssel, denke ich. Aber: immer noch besser als Rauchen, oder?"* Eva reflektiert dieses spontan formulierte Fazit: *„Eine klassische Ausrede dafür, dass ich es nicht geschafft habe – zu sagen, es sei gar nicht so wichtig für mich gewesen, also eine nachträgliche Rationalisierung."* Eva bohrt nach, will tiefer gehen in der Frage nach dem Grund, warum der Versuch der Gewohnheitsveränderung gescheitert ist: *„Es handelt sich um eine starke Gewohnheit, ich mache das seit vielen Jahren. Außerdem handelt es sich um eine in meinem Umfeld legitime Form des Anspannungsabbaus – meine Mutter und eine Schwester sowie manche Freunde und Freundinnen machen das auch."* Gewohnheitsveränderung, so Evas Resümee, braucht Struktur, braucht unterstützende Rahmenbedingungen: *„Ich war nicht in der Lage, diese*

Gewohnheit ohne Struktur abzulegen." Neben dem Mangel an unterstützenden Rahmenbedingungen (also der rechten Umgebung) führt Eva an: *„Die Wahl dieser Gewohnheit war eher oberflächlich. Das Zupfen hat damit zu tun, was äußerlich auffällig ist. Andere Sachen stören mich an mir mehr, sind jedoch komplexer. Warum bin ich gescheitert? Weil ich mich schon nach kurzer Zeit nicht mehr motivieren konnte, es zu wollen."* Das ist also eine Frage der Tiefe der Motivation. Frithjof Bergmanns zitierte Formel „Was ich wirklich wirklich will" deutet auf eine ernsthafte Form des Wollens hin, die in diesem Fall nicht vorhanden war. Die Frage nach Veränderungskraft ist, wie Eva anmerkte, auch eine Frage von Leidensdruck und Gegenüber. In einer Schwangerschaft um des Babys willens das Rauchen aufzugeben sei eine andere Sache, als das skin picking zu lassen, weil sich der Lebensgefährte mitunter daran stört.

Die Bindungen an Überzeugungen, Ziele und wohl auch im sozialen Raum waren in diesem Fall nicht ausreichend für die Erzeugung jener robusten Identität, die Versuchungen erfolgreich Widerstand hätte leisten können – da in diesem Fall die Robustheit der Identität mit der Gewohnheit, die eigentlich geändert werden sollte, zusammenhing, eingeschliffen über Jahre, so wie ein steter Tropfen den Stein aushöhlt.

12

Gewohnheiten hinterlassen Spuren

Kleine Ursache – große Wirkung. Unsere Persönlichkeit wird nach dem Modell „Steter Tropfen höhlt den Stein" geformt: „Obwohl jede Gewohnheit für sich genommen relativ wenig bedeutet, haben die Speisen, die wir bestellen, das, was wir allabendlich unseren Kindern erzählen, ob wir sparen oder Geld ausgeben, wie oft wir Sport treiben und die Art und Weise, wie wir unsere Gedanken und Arbeitsabläufe organisieren, enorme Auswirkungen auf unsere Gesundheit, unsere Produktivität, unsere finanzielle Situation und unser Wohlbefinden."[127] Immer wieder dasselbe zu tun führt dazu, dass die Spurrillen zunehmend tiefer werden, bis sie einen Weg vorgeben. Der Weg „zeigt sich". Evas Gewohnheit des skin picking ist eine gute Illustration der Spuren, die Gewohnheiten hinterlassen. In diesem Fall erzählt der Körper davon. Ähnlich „zeigt" sich Suchtverhalten als Ausdruck des extremen Endes eines Spektrums, auf dem Gewohnheiten aufgetragen werden könnten, von kleinen Wiederholungen und schwachen Gewohnheiten über Routinen und Rituale bis hin zu Abhängigkeiten und zwanghaftem Verhalten. Suchtverhalten hinterlässt Spuren und zeigt sich im Falle von Alkoholismus etwa in Symptomen wie kognitiven Defiziten, wiederholten Stürzen, Schwindel, Gesichtsröte, Tremor, Appetitverlust etc. Suchtverhalten macht es kaum möglich, die zugedachten sozialen Rollen zu erfüllen. Sucht ist grundsätzlich eine Form von Abhängigkeit und damit eine Einschränkung der Selbstbestimmung durch

Zwang, Kontrollverlust und die Ausbildung eines Verhaltensmusters trotz ersichtlicher Schädigungen, das andere Aktivitäten vernachlässigen lässt. Dadurch wird die Idee eines Lebensgleichgewichts ausgehebelt, weil sich das ganze Leben um die Sucht zu drehen beginnt. Der Körper hat gewissermaßen ein Gedächtnis und erzählt von den Gewohnheiten, die jahrelang oder jahrzehntelang gepflegt wurden, etwa auch von weniger extremen Ernährungs- und Bewegungsgewohnheiten.

Bekanntlich muss eine Veränderung der Ernährungsgewohnheiten oder Bewegungsgewohnheiten begleitet werden. Der Vorarlberger Physiotherapeut und Fitnessexperte Toni Mathis hat genau aus diesem Grund „Fitnesswochen" eingeführt – es ging um die Einübung von alltagstauglichen Gewohnheiten in einem guten Rahmen. „Die Fitnesswochen sind aus der Praxis entstanden", erzählte Mathis in einem Gespräch, „aus meinen praktischen Erfahrungen und aus meiner Praxis als Physiotherapeut. Ich habe Patienten gehabt, denen ich Übungen gezeigt habe, die sie machen sollen. Dann sind sie nach einiger Zeit wiedergekommen, und es hat sich herausgestellt: Sie haben die empfohlenen Übungen nicht gemacht. Warum? Weil sie sie vergessen haben. Und dann habe ich mir gedacht: Das müssen wir einüben. So bin ich mit zehn Leuten damals auf den Arlberg in das Hotel ‚Post' gegangen und habe ihnen gesagt: ‚Ich bewege euch fünf Tage lang, wenn es nichts bringt, soll es auch nichts kosten.' Es hat aber viel gebracht. Das waren Patienten, die eigentlich keine Therapie brauchten, aber Bewegung – das waren also fünf Tage, in denen ich sie bewegt habe, wir haben gemeinsam Übungen gemacht, es war gute Stimmung, auch ein Gefühl von Gemeinschaft. Ich habe mich gefragt: Warum machen die Leute ohne Murren das, was sie sonst eigentlich als unangenehm empfinden? Das frühe Aufstehen und das Dehnen und das Gehen und das Sitzen ... Die Antwort: Weil sie es toll finden, weil sie es wirklich toll finden, in einer Gruppe zu sein, die sich gemeinsam abmüht. Diese erste Erfahrung war so gut, dass immer mehr Anfragen gekommen sind. So hat es begonnen."[128] Fitnesswochen sind, ähnlich wie Exerzitien, „Einübungszeiten", in denen an Gewohnheiten gearbeitet wird – oder auch an Abhängigkeiten, wie es Toni Mathis erfährt: „Ich zeige Abhängigkeiten auf – von Kaffee, von Alkohol, von reichhaltigem Essen. Ich zeige, dass diese Abhängigkeiten nicht notwendig sind. Ich zeige, dass es befreiend ist, diese Abhängigkeiten zu überwinden."[129] Grundstein für die Überwindung von Ernährungs- und Bewegungsgewohnheiten ist die Entdeckung der Freude an Bewegung und gesunder Ernährung. Es geht nicht um eine Form von Leistungssport, sondern um sanftes Heranführen an alltagstaugliche Gewohnheiten. Dabei kann ein Hinweis auf die Spuren, die Gewohnheiten hinterlassen, pädagogisch wertvoll sein – die Illustration durch Beispiele, die zeigen, was 20 Jahre einer bestimmten Routine bewirken.

Körperbezogene Gewohnheiten werden mitunter durch Gewalt verändert – bei der englischen Philosophin Havi Carel wurde im Alter von 35 Jahren eine seltene Lungenkrebsart diagnostiziert, was sie als ungeheure Ungerechtigkeit empfand, da sie doch stets gesund gelebt hatte, bewegungsbewusst, ernährungsbewusst, maßvoll. Schrittweise stellte sie ihre Gewohnheiten um, hatte nach einigen Monaten eine neue Weise, sich zu bewegen, eine neue Morgenroutine, damit auch eine neue Weise, die Welt zu sehen und zu erleben – kurz, ihre Subjektivität veränderte sich, da der menschliche Körper eine bestimmte Form der Perspektive mit sich bringt, die sich verändert, wenn sich der Körper ändert.[130]

Neben den körperlichen Spuren hinterlassen Gewohnheiten auch Spuren in Wahrnehmung und Denken; anders gesagt: Wir haben auch Denkgewohnheiten und Wahrnehmungsgewohnheiten. Der englische Geograf Daniel Dorling hat beschrieben, dass gesellschaftliche Ungerechtigkeit sich aufgrund von Überzeugungen halten kann, die zu kollektiven Wahrnehmungen geworden sind, etwa die Auffassungen, dass Gier etwas Gutes und soziale Ausgrenzung unvermeidlich sei.[131] Eine nachhaltige Veränderung wird eine Veränderung der Denkgewohnheiten, der Einstellungen sein müssen. Wir sind uns unserer Denkgewohnheiten oftmals nicht bewusst, sind auch von präreflexiven Gewohnheiten geprägt, die dann in einem pädagogischen Prozess explizit gemacht werden müssen.[132] Der amerikanische Erziehungswissenschaftler Sam Wineburg hat beispielsweise nachgezeichnet, wie Historikerinnen und Historiker denken.[133] Er hat sich vor allem für den Prozess interessiert, der es möglich macht, dass sich die Denkweise so verändert, dass auch einstmals seltsames Verhalten im Laufe der Zeit zur zweiten Natur wird. Wenn du wirklich etwas verändern willst, ändere deine Denkgewohnheiten! Wineburg fiel auf, dass die Historikerinnen, mit denen er arbeitet, die Quellen auf eine ganz ähnliche Weise behandelten. Es würde keinem Historiker einfallen, ein Dokument von vorne bis hinten zu lesen, ohne sich schon nach den ersten Zeilen zu fragen, was denn der Kontext des Dokuments sei. Studierende würden das durchaus zuwege bringen, einen Text, der ihnen vorgelegt wurde, bis zur letzten Zeile zu lesen und dann erst Fragen nach dem größeren Ganzen zu stellen. Interessanterweise wird die Methode, erst nach dem Kontext zu fragen, nicht explizit gelehrt; Studierende der Geschichtswissenschaft werden langsam und gewissermaßen unmerklich an dieses Denken gewöhnt. Wineburg nennt diese Denkgewohnheiten das „rohe Denken" im Unterschied zur „geglätteten" Präsentation historischer Zusammenhänge in Vorlesungen und Seminaren. Eine Studentin wird zur Historikerin unter anderem dadurch, dass sie sich diese neuen Denkgewohnheiten zu eigen macht. Der Beruf verändert einen Menschen, wie er die Wahrnehmung verändert. Mitunter wird für dieses Phänomen der Begriff „déformation professionelle" gebraucht. Hier schleifen sich Denkgewohnheiten ein – Gewohnheiten sind schließlich Verhaltensformen, die mit einem Minimum an kognitivem Aufwand realisiert werden können; anders gesagt: Gewohnheiten lassen uns beim Denken sparen. Descartes schrieb in einem Brief vom September 1645 an Prinzessin Elisabeth von Böhmen, dass Gewohnheiten, auch Gewohnheiten des Denkens, notwendig seien, weil wir nicht stets in voller Aufmerksamkeit leben könnten.[134]

Ein Mangel an Aufmerksamkeit kann selbstredend einen Mangel an Reflexion bedeuten. Montaigne schreibt in seinem erwähnten „Essai", dass die Wirkung von Gewohnheiten in den Eindrücken liege, die sie in der Seele hinterließen; eine Handlung hinterlasse eine innere Spur, die sich tiefer und tiefer eingrabe, je öfter diese Handlung wiederholt werde. Diese Spuren führen zu festen Haltungen, die einen Handlungsweg vorgeben; je fester die Haltung, desto schwerer eine Handlungsveränderung. Dies bezieht sich nicht nur auf beobachtbare Handlungen, sondern auch auf Wahrnehmungs- und Denkgewohnheiten. Manche Denkgewohnheiten sind wie Gift, das einen Menschen in einen Zustand der Trunkenheit versetzen oder auch verdummen lassen kann. Roger Bacon hat, wie schon erwähnt, die lang andauernde Denkgewohnheit als Hindernis auf dem Weg zum Wissen angesehen. Richard Hare hat den Kunstbegriff „blik" für eine fundamentale Einstellung geprägt, die so tief geht, dass sie sich nicht als falsch erweisen kann.[135] Hares Beispiel ist ein paranoider Student in Oxford, der der Meinung ist, dass ihn alle Professorinnen und Professoren ermorden wollen; den Hinweis auf die Freundlichkeit der Lehrenden beantwortet er mit der Replik, dass sie nur deswegen zu ihm freundlich seien, damit er sich in Sicherheit wiege und sie ihn leichter ermorden könnten. Diese Denkgewohnheit, dieser „blik", kann nicht durch Argumente erschüttert werden.

Man könnte Dummheit als die Gewohnheit verstehen, auf einer schmalen Basis verallgemeinernde Urteile zu formulieren, aufgrund eines Beispiels eine generelle Aussage zu machen („Es gibt zu viele Ausländer bei uns, erst letzte Woche ist eine pakistanische Familie in unserer Straße eingezogen"). Damit ist Dummheit auch die Gewohnheit, ohne eigentliche Begründungsbasis und Hintergrundwissen allgemeine Aussagen mit großem Geltungsanspruch zu formulieren.[136] Hier wird eine Denkgewohnheit auch charakterlich wirksam. Noch deutlicher wird der Zusammenhang von Wahrnehmungsgewohnheiten und Charakterfragen in Aaron James' philosophischer Analyse „Assholes", in der er Menschen, die diesen Titel verdienen, dadurch charakterisiert, dass sie einen tief verwurzelten Sinn für exzessive Ansprüche haben, andere nicht als moralisch ebenbürtig ansehen und kritikimmun sind.[137] Hier haben wir es offensichtlich mit Wahrnehmungsgewohnheiten zu tun, mit einer habitualisierten Weise, sich selbst und die Welt zu sehen. Die Bedeutung von Wahrnehmungsgewohnheiten darf man nicht unterschätzen – die Idee der Menschenwürde beispielsweise hat vor allem mit der Art zu tun, wie wir Menschen wahrnehmen. Der israelische Philosoph Avishai Margalit hat „Menschenblindheit" als eine Wahrnehmungsfalle beschrieben, die uns Menschen so wahrnehmen lässt, als wären sie Dinge.[138] In bestimmten Kontexten ist diese Form der Wahrnehmung zur Gewohnheit geworden, wie etwa Anna Sam in der Schilderung ihrer mehrjährigen Erfahrungen als Kassiererin in einem Supermarkt beschrieben hat – Sam zeigt auf, wie oft die Interaktion zwischen Kundinnen und Kunden auf der einen Seite und der Kassiererin auf der anderen Seite ohne Blickkontakt abläuft, geschweige denn ohne Lächeln oder kurzen Dialog. Das ist eine zur Gewohnheit gewordene Wahrnehmungsform der Menschenblindheit.[139] Hier sieht man auch, dass Wahrnehmungs- und Denkgewohnheiten ein soziales und politisches Gesicht haben.

Die gute Nachricht in diesem Zusammenhang: Wir sind unseren Wahrnehmungsgewohnheiten nicht ausgeliefert. Alexandra Horowitz hat ein bemerkenswertes Buch über elf begleitete Spaziergänge durch New York geschrieben, die es ihr ermöglichten, die Stadt anders wahrzunehmen. Sie spazierte in Begleitung von Expertinnen und Experten durch die Stadt, die je eigene Wahrnehmungsschärfen hatten und dadurch die Wahrnehmungsweisen von Alexandra Horowitz veränderten: so mit einem Historiker, einem Insektenforscher, einem Geologen, einem Arzt, einem Experten in Typografie, der ihr die vielen Schilder auslegte, oder mit ihrem 19 Monate alten Sohn, der ihr Lektionen in Aufmerksamkeit erteilte.[140] Dabei lernte sie vieles über alternative Arten, eine Stadt zu sehen – ihr „Möglichkeitssinn" wurde geschärft, ihre Wahrnehmungsgewohnheiten wurden erschüttert. Ein Arzt sieht den Gang von Menschen anders als ein Laie, eine Insektenforscherin lebt in einer bunt bevölkerten und seltsam lebendigen Stadt, ein Spezialist für Schriftsatz kann Schilder auch zeitlich zuordnen ... Tatsächlich sind wir nicht in Geiselhaft unserer Wahrnehmungsgewohnheiten, wir können sie auch gezielt gestalten. Der amerikanische Psychologe Martin Seligman schlägt etwa die Veränderung der „Dankbarkeits"-Gewohnheit in Form eines „Dankbarkeitstagebuches" vor. Wenn man einen Monat lang ein Tagebuch führt, das jeden Tag einen Eintrag enthält, der mit dem Satz beginnt: „Heute bin ich dafür dankbar, dass ...", wird sich die Wahrnehmung des eigenen Lebens in den meisten Fällen nachhaltig verändern; ähnliche Resultate können mit Briefen, die Dankbarkeit ausdrücken, erzielt werden.[141]

Eine Veränderung von Wahrnehmungsgewohnheiten hat vor allem auch mit pädagogischen Prozessen zu tun. Eine gute Lehrerin, ein guter Lehrer kann die Wahrnehmungs- und Denkgewohnheiten der Kinder

verändern. Zhao Jie beschreibt in ihrer Schilderung ihrer Kindheit unter Mao ein solches Schlüsselerlebnis.
Lehrer Huang sollte den Kindern Deutsch beibringen,
war in der Vermittlung sehr einfallsreich und engagiert
und übte auch deutsche Lieder ein, deren Text und Noten er sorgfältig mit der Hand niederschrieb. Eines dieser Lieder war „Komm, lieber Mai". Hingebungsvoll begleitete der Lehrer den Gesang auf seinem Akkordeon.
„Komm, lieber Mai, und mache die Bäume wieder grün
und lass mir an dem Bache die kleinen Veilchen blühn!",
sangen die Kinder. „Ach, wenn's doch erst gelinder und
grüner draußen wär! Komm, lieber Mai, wir Kinder, wir
bitten gar zu sehr!" Zhao Jie erzählte von der Wirkung
dieses Liedes, das die staubigen Gassen und die Luftschutzbunker vergessen ließ und die Kinder „in eine
ferne Welt voller Blumen und Vögel" entführte. „Dieses
Lied ließ uns träumen. Wir rochen den Duft der Veilchen, wir fühlten die Frische des Bachs, wir hörten den
Kuckuck rufen … Uns überkam ein unbeschreibliches,
nie da gewesenes Gefühl, das unser Herz berührte."
Dieses Lied veränderte die Wahrnehmungsgewohnheiten, „vor unserem inneren Auge öffnete sich plötzlich
ein kleines Fenster, durch das wir eine fremde Welt
entdeckten".[142] Ein kleines Fenster öffnete sich, und
damit wurde der enge Raum von Denkgewohnheiten
und Wahrnehmungsgewohnheiten weiter, infrage gestellt, mit einem Sinn für Möglichkeiten gesegnet. Der
österreichische Dichter Robert Musil hat vom „Mög-

lichkeitssinn"[143] gesprochen, der geweckt und kultiviert werden müsse, einem Sinn für Alternativen zum Status quo. Hier wird durch veränderte Wahrnehmungs- und Denkgewohnheiten Wachstum möglich.

13́

Wachstum und gute Gewohnheiten

Ausgangspunkt und Kernanliegen dieses Buches ist die Frage nach einer Lebensveränderung, also die Frage nach Wachstum. Gewohnheiten wurden als Schlüssel zu persönlicher Entwicklung und Lebensgestaltung dargestellt. Ein gutes Leben ist ein solches, in dem man gute Gewohnheiten etabliert hat oder auch: Gewohnheiten auf eine gute Weise verankert hat. Ähnlich wie man von Basisgütern eines guten Lebens spricht, könnte man von „Basisgewohnheiten" sprechen, wie etwa das erwähnte frühe Aufstehen. Basisgewohnheiten sollen persönliches Wachstum ermöglichen, verstanden als Weg zur Reife im Sinne eines wohlgeformten Charakters – mit den Elementen: gefestigte, einzigartige, integre Persönlichkeit. Die Einzigartigkeit ergibt sich aus der Realisierung der je einzigartigen Gaben; die Gefestigtheit hat mit stabilen Gewohnheiten zu tun; Integrität bedeutet: Aufrichtigkeit, Ernsthaftigkeit, Respekt – die ernsthafte und aufrichtige Anstrengung, mit respektvollem Blick auf andere aus dem eigenen Leben etwas zu machen.[144] Eine gefestigte Persönlichkeit ist in gewissen Gewohnheiten gegründet – sie sind der Ansatzpunkt für Wachstum oder Charakterverformung. So verwundert es nicht, dass Leo der Große in einer Weihnachtspredigt im 5. Jahrhundert darauf hinwies, dass der Satan bei Gewohnheiten der Menschen ansetze: „Er weiß gar wohl, wen er durch Gram verwirren, wen er durch Freude täuschen kann; wen er durch Furcht zu erdrücken, wenn er durch schmeichelnde

Bewunderung zu verführen vermag. Bei allen erwägt er ihre Gewohnheiten, beschäftigt er sich mit ihren Sorgen und erforscht er ihre Neigungen. Und gerade in der Sache, mit der er jemand am liebsten sich beschäftigen sieht, sucht er ihm schaden zu können."[145] Damit ist gesagt: Die Versuchung setzt bei den Gewohnheiten an; diese sind entscheidend für Charakterstärkung oder Charakterschwächung. In einer anderen Predigt wird Leo sagen, dass fromme Übungen den Zweck haben, „zur Gewohnheit zu werden und stets ungeschwächt fort[zu]-dauern".[146] Wer sich um Wachstum hin zu einer gefestigten Persönlichkeit bemüht, wird bei den Gewohnheiten ansetzen.

Diesen Grundgedanken kann man mit Einsichten aus der frühen christlichen Literatur, die auf dem Hintergrund reicher Erfahrung mit Wachstumsfragen entstand, vertiefen. Bitte keine Scheu vor frommem Gedankengut zu haben, die Einsichten haben sich auch in säkularen Kontexten bewährt! Das geistliche, um inneres, das heißt persönlichkeitsbezogenes Wachstum bemühte Leben ist auf Gewohnheiten aufgebaut; Wachstum wird in den frühchristlichen Schriften vor allem als Abkehr von schädlichen und Aneignung von wertvollen Gewohnheiten beschrieben. Palladius von Helenopolis beschreibt in seinem „Leben der Väter" („Historia Lausiaca") die heiligen Männer durch heilige Gewohnheiten, vor allem durch Gewohnheiten in Bezug auf elementare Lebensvollzüge wie Essen und Schlafen.

Er berichtet von Abbas Makarius, der die Gewohnheit des Schlafens dadurch zu beherrschen suchte, dass er 20 Tage lang unter freiem Himmel verbrachte, „bei Tage von Sonnenglut versengt, bei Nacht von Kälte starr".[147] Dadurch sollte die Macht, die die Gewohnheit des Schlafens über ihn hatte, geschwächt werden. Gewohnheiten sind das Fundament einer Lebensform; deswegen unterscheiden sich Menschen, die sich auf einem geistlichen Weg bewegen, von Menschen, die dies nicht tun, durch die Lebensgewohnheiten. Ein von geistlichen Übungen geprägtes (also asketisches) Leben „zeigt sich"; es zeigt sich gerade im Umgang mit elementaren Aspekten wie Kleidung und Nahrung. Sehen wir uns dazu eine Ausführung von Theodoret von Cyrus an: „In nichts gleichen so die Lebensgewohnheiten der Weltmenschen denen der Asketen. Verschieden ist die Gewandung. Sie tragen Kleider, die gar rau sind und ohne wärmenden Schutz. Auch die Kost ist nicht die gleiche. Welch ein Unterschied! Den Hirten und den Weltleuten überhaupt ist jede Stunde Essenszeit. Sie bestimmen die Tischzeit nach dem Hunger. Und stellt solcher beim Morgengrauen sich ein, sofort heißen sie Speise bringen. Auch essen sie, was ihnen eben unterkommt. Da gibt es keine Bestimmung über erlaubte und unerlaubte Speisen. Was immer sie wollen, genießen sie sonder Scheu. Hier aber sind Tage und Zeiten und Art und Maß der Nahrung festgelegt, und Sättigung ist ganz ausgeschlossen."[148] Lassen wir diese Gedanken

Revue passieren: Kleidung als Ausdruck von Ziemlichkeit und als Schutz des Körpers vor Unbill der Natur ist elementar; Essen ist ein menschlicher Grundakt; es gibt kaum einen Bereich des Lebens, in dem es so viele Gebote und Verbote und Regeln gibt wie in Bezug auf Mahlzeiten und Nahrungsmittel. Das Essen stellt sozial gesehen einen Spiegel der gesellschaftlichen Ordnung und den Kitt des Zusammenhalts dar. Hier zeigen sich Gewohnheiten – Ernährungsgewohnheiten (wann und wo wird was regelmäßig gegessen), soziale Gewohnheiten (mit wem) und auch geistliche Gewohnheiten (im Beten vor und nach dem Essen beispielsweise). Essen ist Teil eines jeden Tages; um das tägliche Brot wird im Vaterunser gebeten. Eine Veränderung der Ernährungsgewohnheiten tangiert viele Bereiche des Lebens. Dies hat, wie wir gesehen haben, auch Leo Hickman bei seinem Experiment erleben müssen.

Der Weg zur Heiligkeit führt über die Beherrschung von Gewohnheiten; wertvolle Gewohnheiten wie das regelmäßige Gebet und die regelmäßige Lektüre der Heiligen Schrift formen den Menschen. Ein Kloster ist eine Werkstatt zum Aufbau guter gemeinschaftlicher wie guter individueller Gewohnheiten. Die klösterliche „Regula" ist eine Lebensform, die zwar ausdrückliche Regeln enthält, diese sollen aber so sehr zu eigen gemacht werden, dass sie durch Wiederholung in Fleisch und Blut übergehen. Regel und Leben sollen verschmelzen. Die Mönche bilden gemeinsam eine von Gewohnheiten getragene Lebensform: „Zusammenwohnen bedeutet für die Mönche … nicht nur, Ort und Kleid zu teilen, sondern vor allem einen *habitus*; insofern ist der Mönch ein Mensch, der im Modus des ‚Wohnens‘ lebt, das heißt, einer Regel und einer Lebensform folgt."[149] Gewohnheiten üben Macht aus; sie entwickeln lebensformbestimmende Kraft. Wenn neue Mönche in ein Kloster aufgenommen werden sollten, galt es in erster Linie, die Kraft früherer Gewohnheiten zu schwächen, denn „die frühere Gewohnheit zwingt zum Schlechten".[150] Der Entschluss, ein neues Leben zu beginnen, reicht nicht aus; die aus dem früheren Lebensstil angehäuften Hypotheken müssen abgebaut werden. Hier findet sich die Einsicht in die Kraft von Gewohnheiten wieder, alte Gewohnheiten sind mächtig, halten den Menschen, der sich auf den Weg zum geistlichen Wachstum gemacht hat, zurück. Mehr noch: In frühchristlichen Schriften findet man wiederholt den Hinweis auf ein vielleicht überraschendes geistliches Gesetz, das sich in der Erfahrung gezeigt hat: Wenn ein Mensch den Entschluss fasst, sein Leben zu ändern, und versucht, mit alten Gewohnheiten zu brechen und neue einzuüben, kann er nach einem Rückfall in alte Gewohnheiten noch tiefer sinken als vor der Entscheidung zur Lebensveränderung.[151]

Johannes Cassian legte Anfang des 6. Jahrhunderts nahe, dass Wachstum vor allem auch mit der Kontrolle der Denkgewohnheiten zu tun hat.[152] Gedanken sind Ausdrucksformen des Innern und drücken sich in das Innere ein. Sie hinterlassen prägende Spuren; deswegen ist es von entscheidender Bedeutung für das Wachstum, welchen Gedanken gewohnheitsmäßig Raum gegeben wird. Die Bedeutung der Gewohnheiten zeigt sich auch in der Prägung des Gedächtnisses – die Gewohnheit befestigt Bilder im Gedächtnis, in dem diese Bilder entsprechende Wirkung entfalten.[153] Hier sehen wir den Zusammenhang von Denkgewohnheiten und Fragen des Wachstums.

Kein Zweifel: Gewohnheiten sind der Schlüssel zum Wachstum – gemäß dem Grundsatz: Schau auf die Gewohnheiten eines Menschen, und du wirst seine geistliche Reife erkennen. Dies wird in Athanasius' einflussreicher Beschreibung des Lebens des heiligen Antonius aus dem 4. Jahrhundert deutlich: Die Heiligkeit des Antonius, dessen Lebensmodell viele Generationen in ihrer Lebensausrichtung prägte, beruht wesentlich auf seinen Gewohnheiten, etwa auf der, sich zurückzuziehen. Die Etablierung guter Gewohnheiten erfolgt nicht durch Argumente oder die rechte Lektüre, sondern vor allem durch die Begegnung mit heiligen Menschen und deren Vorbildwirkung. Theodoret von Cyrus beschreibt den heiligmäßigen Publius, der neben dem Kloster eine Kirche errichtete, „worin diese und jene sich versammeln sollten am Anfange und am Ende des Tages, um Morgen- und Abendgesang gemeinschaftlich Gott darzubringen, in zwei Chöre geteilt, ein jeder in seiner Sprache abwechselnd zu Gott Lieder emporsendend. Und diese Gewohnheit hat sich bis auf den heutigen Tag erhalten, und weder die Zeit, die dieses und Ähnliches gerne ändert, noch die Nachfolger im Amte haben es über sich gebracht, die Bestimmungen, die jener erlassen, umzustoßen."[154] So wurde durch einen heiligmäßigen Mann eine gemeinschaftliche Gewohnheit etabliert; die Autorität des geistlichen Vorbildes brachte die Gemeinschaft dazu, sich die Gewohnheit zu eigen zu machen, und verhinderte, dass nachfolgende Generationen leichtfertig mit dieser Gewohnheit brechen würden.

Einsichten in die Bedeutung von Gewohnheiten für den geistlichen Weg finden wir auch bei Augustinus, der sich Ende des 4. Jahrhunderts in seinen „Bekenntnissen" mit dem Schlüssel zum inneren Wachstum auseinandersetzte. Umkehr sei das Lösen von destruktiven Gewohnheiten.[155] Diese destruktiven, das geistliche Zentrum des Menschen zerstörenden Gewohnheiten wirkten wie Ketten. Augustinus schildert seinen diesbezüglichen Seelenzustand sehr anschaulich: „Ich war geschlagen, nicht in fremde Eisenbande, sondern in die Bande meines eisernen Herzens. Mein Wollen hielt der Feind in seinen Händen, daraus hatte er eine Kette geschmiedet, durch die er mich gebunden hatte."[156] Augustinus beschreibt die Herausbildung falscher Gewohnheiten folgendermaßen: Erstens – der Wille richtet sich auf das Falsche; zweitens – aus dem fehlgerichteten Willen entsteht ein Streben nach dem Falschen, eine Begierlichkeit; drittens – dieses Streben wie die Begierlichkeit werden zur Gewohnheit; viertens – die Gewohnheit wird, wenn sie nicht auf Widerstand trifft, zur Notwendigkeit, die dem Menschen die Freiheit nimmt. Wenn ein Mensch auf seinem Weg umkehrt, kämpfen alte und neue Gewohnheiten miteinander, versuchen die alten Gewohnheiten den Menschen in das alte Leben zurückzuziehen.[157] Denn Gewohnheiten „lasten schwer" auf uns, drohen uns „zu verschlingen".[158] Mit anderen Worten hat das eine oder andere 30-Tage-Experiment ebendiese Dynamik illustriert.

Eine Schlüsselstelle für Augustinus' tiefes Verständnis von Gewohnheiten ist jene Passage, in der er die Gouvernante seiner Mutter rühmt, weil sie die Erziehung zu Gewohnheiten sehr ernst nahm: „Bei ihrer Zurechtweisung wusste sie, wenn es nottat, heilige Strenge und Ernst, bei ihrer Unterweisung weise Besonnenheit anzuwenden. Denn außerhalb der Stunden, wo sie am Tische der Eltern ein mäßiges Mahl einnahmen, ließ sie sie, auch wenn sie heftigen Durst empfanden, nicht einmal Wasser trinken, um übler Gewohnheit vorzubeugen; dann fügte sie gewöhnlich das wahre Wort hinzu: ,Jetzt trinket ihr Wasser, weil euch Wein nicht zur Verfügung steht; seid ihr erst einmal verheiratet und Herrinnen über Küche und Keller, werdet ihr das Wasser verachten, aber die Gewohnheit zu trinken wird fortdauern.' Durch solche Art der Belehrung und die Entschiedenheit ihres Befehls zügelte sie die Gier des zarten Alters und gewöhnte die Mädchen, auch im Durste bescheiden Maß zu halten, dass sie kein Verlangen nach dem empfanden, was sich nicht ziemte."[159] Die strenge Erziehung war auf die Berücksichtigung von Gewohnheiten aufgebaut. Um der Wahrheit die Ehre zu geben, muss allerdings hinzugefügt werden, dass Augustinus vom Scheitern dieser Pädagogik berichtete, weil seine Mutter aus jugendlichem Trotz zu trinken begann, um dann nahezu gewohnheitsmäßig Wein zu konsumieren ... So verwundert es nicht, dass Augustinus am Anfang einer Tradition stand, die davon ausging, dass Wachstum, Gewohnheiten und Gnade nicht voneinander getrennt werden können.[160]

14´

Das soziale und politische Gesicht von Gewohnheiten

Eusebius von Cäsarea schreibt in seiner „Kirchenge-schichte", dass bestimmte Fastengewohnheiten durch Naivität und Ungeschicklichkeit entstanden und dann ohne Vermittlung des Entstehungskontexts auf die Folgezeit vererbt wurden.[161] Hier schlagen sich Ge-wohnheiten in einem sozialen und geschichtlichen Zusammenhang nieder. Tertullian, etwa 100 Jahre frü-her, erinnert an die Verbindlichkeit von Gewohnhei-ten und an die Idee des Gewohnheitsrechtes – durch Gewohnheit könne eine Ordnung „befestigt" werden, sodass die Gewohnheit eine Quelle von Normen sei.[162] Gewohnheiten haben ganz offensichtlich ein sozia-les und politisches Gesicht – das bedeutet zum einen, dass sie sich, von einzelnen Menschen ausgehend, im sozialen Umfeld niederschlagen und in weiterer Folge auch politisch relevant werden, zum anderen, dass Ins-titutionen und politische Kontexte Nährböden für die Ausbildung von Gewohnheiten sind.[163] Die Reform von Institutionen kann deswegen durchaus plausiblerweise bei einer Reform der Gewohnheiten ansetzen. Charles Duhigg berichtet von einer grundlegenden Gewohn-heitsänderung in einem amerikanischen Stahlkonzern durch Paul O'Neill: Dieser hatte zur Verwunderung der Shareholder als oberste Priorität des Alcoa-Konzerns die Sicherheit definiert.[164] Der Schutz der Arbeitneh-merinnen und Arbeitnehmer wurde an die erste Stelle der Unternehmensziele gesetzt. Dadurch veränderten sich im Sinne des Dominoeffekts Schlüsselgewohnheiten wie Monitoring, Dokumentation, Evaluation, Anreizsysteme oder die Planung neuer Standorte. Es ist Teil erfolgreicher Führungsarbeit, in der jeweiligen Institution gute Gewohnheiten zu etablieren.

Untersuchungen zum sozialen Gesicht von Gewohnheiten sind eng mit dem Namen des französischen Soziologen Pierre Bourdieu verbunden; er hat dargestellt, wie Gewohnheiten und sozialer Status miteinander verbunden sind. Mit sozialem Aufstieg verändern sich auch die Geschmacksgewohnheiten; dabei versteht Bourdieu unter Gewohnheiten Systeme dauerhafter Dispositionen, die von der sozialen Klasse, in die man hineingeboren wird, mitgegeben werden, auf informelle Weise. Dadurch entwickelt sich ein bestimmter Habitus, der zu einem bestimmten Stil und auch zu bestimmten Geschmacksurteilen führt. Der Habitus führt zu bestimmten Wahrnehmungen, Erwartungen und Praktiken. Die Praxis des Zähneputzens ist eine mit einer gewissen Herkunft verbundene Gewohnheit. Ebenso ist es eine Frage dieses Habitus, ob man bei „Picasso" an ein Auto oder an einen Maler denkt, ob man Wittgenstein für einen Berg hält und Mozart für einen Schokoladeerzeuger.[165] Auch Wahrnehmungs- und Denkgewohnheiten entstehen auf sozialem Grund. Es ist durchaus eine soziale Frage, welche Gewohnheiten als schlechte empfunden werden; dies hat sich im Laufe der Zivilisationsgeschichte verschoben – Nichtbenutzung von Taschentuch oder Gabel wurden erst

dann zu „bad habits", als Taschentuch und Gabel eingeführt waren.[166]

Auch aus der Armutsforschung ist der Aspekt von
Gewohnheiten bekannt: Liane und David Phillips haben in Ohio ein Programm ins Leben gerufen, das sich
bemüht, Menschen in den Arbeitsmarkt zu bringen, die
keinen Zugang dazu haben. Immer wieder stoßen sie
auf die (hinderliche) Rolle von bestimmten Gewohnheiten – Kleidungsgewohnheiten, Sprachgewohnheiten,
die Gewohnheit, einen Arbeitsplatz bei auftretenden
Schwierigkeiten wie etwa Konflikten sofort zu verlassen.[167] Die Arbeit mit Menschen umfasste wesentlich
den Aspekt des Arbeitens an Gewohnheiten. Martin
Kämpchen führt nach mehr als 40 Jahren Aufenthalt in
Indien aus, dass viele von Armut betroffene Menschen
in Denkmustern verhaftet seien. Sie sind in „mentalen
Käfigen" gefangen, können sich oftmals ein anderes
Leben nicht vorstellen, sind gekettet an Traditionen
und traditionelle Erwartungen und etwa auch an ein
überforderndes Ideal von „Ehre".[168] Sie sind es oftmals
gewöhnt, sich selbst als ohnmächtig zu sehen und Un-
gerechtigkeiten einfach hinzunehmen. Dazu kommt
der Umstand, dass die Lebensgewohnheiten (Hygiene,
Ernährung, Erziehung) in vielen Fällen ungesund und
gefährlich sind. Gleichzeitig ist der Alltag armer Dorfbewohnerinnen und Dorfbewohner aufgrund von Krank-
heit, Unfall oder Notsituationen dermaßen krisenanfäl-
lig, dass sich kaum gute Routinen herausbilden können.

Diese Dynamik deutet auf die zentrale Bedeutung von Gewohnheiten hin. Eine Veränderung der Gewohnheiten geht tiefer als eine äußere Veränderung der Infrastruktur: Kämpchen berichtet von einem Toilettenprojekt. Eine Nichtregierungsorganisation stellte in der Nähe von Santiniketan billige Toiletten für die Dorfbevölkerung her, indem sie das Baumaterial lieferte und Geld für eine einfache Sickergrube bereitstellte. Toilettenhäuschen und Rohre sollten als Eigenleistung der Dorfbewohner und Dorfbewohnerinnen beigetragen werden; nun vergaßen manche die Pumpe und mussten Wasser von weit her tragen, was ihnen zu lästig wurde, andere bauten die Toilette in der Nähe der Wasserpumpe und achteten nicht darauf, dass die Sickergrube tiefer als die Pumpe liegen muss, worauf das Grundwasser verseucht wurde und Menschen erkrankten; andere benutzten die Toilette, doch säuberten sie sie nicht mit Pulver und Bürste, sodass sie bald in unhygienischeren Verhältnissen lebten als zuvor. Fazit: „Niemand hatte die Bauern in die wesentlichen Vorteile einer Toilette eingewiesen, den Bau und eine Zeit lang ihre Benutzung beaufsichtigt. Das Geld war verschwendet, und die Menschen lebten gefährdeter als vorher."[169] Das ist eine Frage der Begleitung, die auch die Geduld aufbringt, nicht nur Strukturen, sondern auch Gewohnheiten zu verändern. Eine Veränderung von Lebensgewohnheiten einer Gemeinschaft führt zu neuen Lebensmustern. Jennifer Offill erwähnt an einer Stelle ihres Buches „Department of Speculation", dass Lesen eine Belastung für das neurologische System darstelle, eine Anstrengung; eine psychiatrische Studie habe gezeigt, dass afrikanische Stämme ein erhöhtes Schlafbedürfnis hatten, nachdem man die Schriftkultur eingeführt und ihnen das Lesen ermöglicht hatte.[170]

Das soziale Gesicht von Gewohnheiten zeigt sich auch in Detlefs 30-Tage-Experiment. Detlef wollte seine Fahrgewohnheiten verändern und weniger Benzin verbrauchen. In seinen Aufzeichnungen unterstreicht er die soziale Dimension von Fahrgewohnheiten: *„Während ich mir Gedanken mache, welche Autofahrten notwendig sind, versuche ich zudem mein Fahrverhalten selbst etwas zu ändern; das heißt möglichst sparsam Auto zu fahren und mich nicht über Geschwindigkeitsbeschränkungen hinwegzusetzen (zumindest nicht absichtlich). Wenn es darum geht, ethisch bewusster zu handeln, geht es ja nicht nur darum, die Umwelt zu schonen, sondern auch, Rücksicht auf meine Mitmenschen zu nehmen. Ich denke zwar nicht, dass ich ein rücksichtsloses Arschloch bin, dennoch gehört dazu, sich auch an jene Fahrregeln zu halten, die man oft mehr oder minder missachtet – und dies doch gewöhnlich aus Egoismus, weil man schneller am Ziel sein will. Dabei denkt man gewöhnlich nicht darüber nach, dass man nicht nur sich selbst gefährdet, sondern auch seine Mitmenschen."*

Unsere Gewohnheiten wirken sich auf die Umwelt und das soziale Umfeld aus, haben Konsequenzen für die Menschen, mit denen wir leben. Der amerikanische Psychologe Tim Kasser hat in seiner Arbeit immer wieder darauf hingewiesen, wie materialistische Werte zu umweltschädlichen Gewohnheiten führen können, die auf Dauer den Planeten bedrohen.[171] Gewohnheiten sind eingebettet in soziale Netze, hängen mit den Gewohnheiten anderer Menschen zusammen. Eine Veränderung der Fahrgewohnheiten, so erlebt es Detlef, verlangt neue Formen sozialer Koordination – man kann Wege reduzieren, indem man sich abspricht. *„Das Wochenende. Ich hatte wieder ein paar Verpflichtungen, die mich zum Autofahren zwangen. Bin etwas über 100 km gefahren. Zu unserem Wochenendhaus (etwa 35 km) – wir bauen gerade den Kachelofen neu, und ich musste meinem Vater helfen; konnte aber nicht mit ihm gemeinsam fahren, weil er früher dort sein musste und ich am Sonntag zurückfahren musste, wegen einer Band-Probe, die diesmal am Sonntag stattfand. Ganz abgesehen davon, dass man dort gar nicht mit öffentlichen Verkehrsmitteln hinkommt, ist es natürlich ein Problem, dass ich und mein Vater jeweils getrennt, alleine mit dem Auto fahren mussten. Ansonsten fahren wir schon oft gemeinsam. Alles, was ich tun konnte, war, mich zu bemühen, wenigstens möglichst sparsam zu fahren."*

Der Koordinationsaufwand steigt in diesem Fall, der Aufbau guter Gewohnheiten erfolgt mit Blick auf das soziale Umfeld. Das betrifft auch das „Nichtverhandelbare" an Gewohnheiten: *„Montag. Fahrt ins Büro und zu-*

rück. *Das sind nicht viele Kilometer, was aber auch nicht günstig ist, weil dann der Motor noch kalt ist und mehr verbraucht. Aber ich muss ja arbeiten, und das Auto nicht zu verwenden ist da meistens ein Problem für mich.*"

Mit der veränderten „Gewohnheitspraxis" zeigt sich eine Veränderung der „Gewohnheitseinstellung": *„Ich muss feststellen, dass eine erste für mich spürbare Veränderung jene ist, dass ich jedes Mal, wenn ich im Auto sitze und irgendwohin fahre, ständig im Bewusstsein habe: Ist es notwendig, mit dem Auto zu fahren? Ich mache mir also Gedanken darüber, was ich tue. Auch wenn das angesichts dessen, dass ich immer noch die meisten Wege mit dem Auto zurücklege, etwas wenig erscheinen mag, ist für mich der Effekt schon ein großer Schritt zu einem ethischeren, weil bewussteren Leben im Umgang mit dem Nutzen von Verkehrsmitteln. Eine zweite Veränderung bezieht sich aber tatsächlich schon auf mein eigenes Verhalten. Mein Bemühen, wenn ich schon das Auto benutze, dann wenigstens möglichst sparsam und rücksichtsvoll zu fahren, gelingt wesentlich leichter als ursprünglich vermutet. Ich achte dabei einerseits auf die Geschwindigkeit, wobei ich versuche, möglichst die Geschwindigkeitsbeschränkungen einzuhalten, andererseits achte ich auch auf den Drehzahlmesser, um zu beobachten und zu kontrollieren, möglichst mit niedriger Drehzahl und damit sparsam zu fahren; langsam anzufahren, vorausschauend auf eine Kreuzung zu fahren, möglichst gleichmäßig und ohne viel Gas dahinzugleiten.*

Irgendwie macht mir das sogar ein wenig Spaß, da es das Autofahren interessanter macht und wesentlich weniger stressig."

Hier deutet sich wieder der Pullovereffekt an. Fazit: *„Im Rückblick auf das Experiment muss ich sagen, dass sich tatsächlich mein Fahrverhalten dauerhaft verändert hat. Zumindest im Stadtgebiet und auf der Landstraße komme ich plötzlich gar nicht mehr auf die Idee, zu schnell zu fahren. Und damit hoffe ich doch zumindest einen bescheidenen Beitrag zu leisten, etwas ethischer und bewusster zu leben. Etwas relativiert sich das, sobald ich mich mit dem Auto auf einer Autobahn befinde. Dort schaffe ich es einfach nicht, der Versuchung, schneller zu fahren, zu widerstehen, und donnere dann doch wieder unethische 160–180 km/h (zumindest in Deutschland, wenn man es darf). Es gibt dann doch wieder Grenzen der Selbstbeherrschung."* In puncto Selbstbeherrschung wird der Ball vom sozialen wieder an das individuelle Wachstum zurückgespielt.

Neben der sozialen Dimension von Gewohnheiten ist in aller Kürze auch eine politische anzusprechen, denn Gewohnheiten hängen auch mit dem Aspekt der Macht zusammen: Gewohnheiten können aufgezwungen sein, Gewohnheitsveränderungen können mit Macht durchgesetzt werden. Die „Kolonialisierung des Geistes" wurde als eine tiefer gehende Form der äußeren Kolonialisierung beschrieben, als eine Veränderung der Denk- und Wahrnehmungsgewohnheiten, die Menschen in den kolonialisierten Ländern dazu brachte, von sich selbst minderwertig zu denken. Ähnlich beschreibt der französische Soziologe Etienne Renault das Phänomen, dass Menschen, die trotz Einsatz und Qualifikation keinen Arbeitsplatz finden, sich selbst daran die Schuld geben[172]; auch das hat mit Denkgewohnheiten zu tun. Machtvoll kann aber auch in sichtbare Alltagsgewohnheiten eingegriffen werden. Ein Beispiel: Zhao Jie, in Nanjing geboren und seit 30 Jahren in Berlin daheim, beschreibt ihre Kindheit während der chinesischen Kulturrevolution. Der Sommer 1966 brachte gewaltige Veränderungen mit sich. Großformatige Wandzeitungen tauchten auf, auf dem Schulhof wurden Lautsprecher angebracht, Massenschwimmveranstaltungen kamen in Mode, neue Begriffe wurden in die öffentlichen Gespräche eingeschleust, Parolen skandiert („Das Alte zerstören, das Neue schaffen!"). Die Kulturrevolution richtete sich gegen „die vier Relikte" – gegen alte Kultur, altes Gedankengut, aber auch alte Gebräuche und alte Gewohnheiten. Diese vier Relikte wurden systematisch vernichtet. Bücher wurden verbrannt, Kleidungsstücke zerstört. Gewohnheiten ausradiert. Muschelessen galt als bürgerlich, das Tragen von Haarknoten wurde verboten. Zhao Jie beschreibt den Gewohnheitsbruch ihrer Großmutter: „Ich hätte mir Großmutter ohne Haarknoten nie vorstellen können. Jetzt war er weg. Dafür war sie nicht einmal beim Friseur gewesen, sondern hatte ihn selbst abgeschnitten und in den Müll geworfen. Sie habe Angst, sagte sie leise. Angeblich schnitten Rotgardisten Frauen mit Haarknoten oder langen Haaren die Haare ab, machten ihnen sogar eine Glatze, wenn sie ihnen auf der Straße begegneten. Nun trug Großmutter eine kurze Frisur, gerade bis zum Ohrläppchen. Ich konnte mich lange nicht an diese neue Frisur gewöhnen."[173] Unzählige Gewohnheiten wurden unter Druck, mit Gewalt, aus Angst verändert. „Frauen und Mädchen hatten alle ihre Haare kurz geschnitten. Männer trugen keine Hosen mehr, deren Beine enger als fünf Zentimeter waren."[174] Die Bekleidungsgeschäfte offerierten nur die Farben Militärgrün, Marineblau, Mausgrau. Es gab keine Spielsachen, keine Puppen, keine Kinderbücher. Entsprechend veränderten sich die Erziehungsgewohnheiten. Lehrer und Lehrerinnen wurden vor den Augen der Schülerinnen und Schüler gedemütigt, zum Teil von den Kindern selbst erniedrigt, wenn der Verdacht des Konterrevolutionären umging. Der Alltag war nicht mehr wiederzuerkennen. Bereits während des „Großen Sprungs nach vorn" ab 1958 hatten sich viele Gewohnheiten in China verändert – etwa die, in der Familie zu Hause zu kochen; durch die Einrichtung zentraler Kantinen und die Einschmelzung alles Geschirrs wurde es verboten, im Familienheim zu kochen und zu essen. Man kann sich vorstellen, dass dieser Gewohnheitsbruch massive Auswirkungen hatte. Die chinesische Hungersnot hatte sicherlich auch mit dem bereits angesprochenen Aspekt der Alltagszerstörung einer totalitären Herrschaft zu tun, die mit unberechenbarer Willkür haltgebende Gewohnheiten oder verlässliche Routinen verhindert.

Die Sprache der Gewohnheiten

15 -

Gewohnheiten stehen für etwas, sind symbolisch, erzählen von uns und unserer Geschichte. Richard Rohr hat einen Tiefenaspekt von Gewohnheiten in theologischer Sprache ausgedrückt: „Unsere Sünde und unerlöste Weltwahrnehmung ist paradoxerweise auch die Methode, die uns hilft, an unsere Antriebskraft zu kommen. Wenn wir unsere ‚Lieblingssünde‘ begehen, sind wir ‚voll da‘ ... Sie gehört ja zur Art und Weise, wie wir unserem Leben Richtung und Ziel geben. Sie gehört zur Überlebensstrategie, die wir uns als Kind zugelegt haben, sie gehört zu diesem Raum, in dem wir daheim sind. Wir alle sind Gewohnheitstiere. Wir ziehen uns immer wieder dorthin zurück, wo wir uns zu Hause fühlen. Deshalb ist dort, wo unsere Sünde daheim ist, auch unsere Gabe zu finden."[175]

Richard Rohr schlägt hier eine Brücke zwischen Gewohnheiten als Lebensräumen, die wir uns in der Kindheit erarbeitet haben, und Grundversuchungen. Wir gehen gewohnheitsmäßig an Orte, die wir als gut erfahren. Darin liegt eine Schwächung, aber auch eine mögliche Stärkung. Die Arbeit mit Gewohnheiten ist damit stets ein Arbeiten mit Stärken wie mit Schwächen, die ineinander übergehen können – so wie eine gefestigte Gewohnheit in Abhängigkeit oder Flexibilität in Haltlosigkeit übergehen kann. Gewohnheiten sagen etwas über unsere Geschichte, über unsere gesamte Lebenssituation aus.[176] Wenn wir an Gewohnheiten arbeiten, arbeiten wir auch mit unserer Geschichte, an

unserem Gedächtnis, leisten wir auch Vergangenheits-
bewältigung. Wir können mit Blick auf unsere Gewohnheiten die Frage stellen: Was sagt die Gewohnheit über
mich?

Cornelia, eine Freundin, Mutter von sieben Kindern,
ließ sich auf ein 30-Tage-Experiment ein, um konsequent an einer Gewohnheit zu arbeiten. Die Suche nach
dem Angelpunkt – wo ansetzen? – erwies sich als besondere Herausforderung; das Nachdenken über die
Idee der Fastenzeit als Zeit des Loslassenlernens gab
den Ausschlag: Cornelia entschied sich für eine Entrümpelungsgewohnheit. Jeden Tag ein bis zwei Dinge
wegzugeben, auszumustern, herzuschenken, zu entsorgen. Nachdem sie sich für diesen Angelpunkt – mit einer
guten Begründung („decluttering", also Entrümpeln, ist
therapeutisch wertvoll) – entschieden hatte, stellte sich
die nächste Frage: Wo mit dem Entrümpeln anfangen?

*„Womit beginnen? Da ist mir eingefallen, dass es ein Wort
gibt (von wem, weiß ich leider nicht): Alles, was man zwei
Jahre nicht in der Hand hatte, kann man getrost vergessen und sich davon trennen! Und nun machte ich mich
auf die Suche nach diesen Dingen. Schrecklich! Ich stelle
fest, dass der größte Teil meiner Habe zu dieser Kategorie
gehört."*

Die Entscheidung für den Anfang war geschafft –
dann gleich die erste Rückfrage: Gilt diese Zwei-Jah-
res-Regel „für alles"? *„Nein! Bücher darf man ein Leben
aufbewahren. Reiseerinnerungen auch. Und natürlich*

alles, was an die wichtigen Zeiten im Leben erinnert. Geburten von sieben Kindern, Taufen, Erstkommunionen, Schulabschlüsse, die ersten Hefte, der letzte Schnuller … Das Lieblingspuppenwagerl und die teuere Riesenschachtel mit Lego. Nicht zu vergessen die Erinnerungen an das eigene Leben: Taufe, Erstkommunion, erste Hefte, erster Schnuller, Kleider, die vielleicht wieder einmal passen, der Schmuck von der Mitzi Tant (weil hässlich, nie getragen – aber irgendjemand könnt ihn ja mal brauchen)."

Keine Sorge, es blieb noch genügend an Dingen übrig, die einer Entrümpelung zugeführt werden konnten; und dennoch fällt es schwer, diese Gewohnheit des täglichen Entrümpelns einzuüben. *„Jedes Stück erzählt eine Geschichte. Jedes Stück sagt: ‚Bitte fang mit dem Entrümpeln nicht bei mir an … ich habe das nicht verdient … mich brauchst vielleicht irgendwann ganz dringend!' Es kostet mich ziemlich viel Kraft, täglich drei Stücke (auf diese Zahl habe ich mich dann mutig mit mir selber geeinigt) wegzugeben."* Die Gewohnheit eines täglichen Akts von Entrümpeln hat etwas Befreiendes. *„Ich bin stolz auf mich. Es erleichtert mich. Ich habe mir eine neue Gewohnheit zugelegt. Es gibt keinen Tag mehr, an dem ich nicht mindestens drei Dinge hergebe. Manchmal fällt es leichter – manchmal schwerer. Manchmal ist es richtig genussvoll."* Tatsächlich: Das Entrümpeln ist zur Gewohnheit geworden. *„Es fehlt mir, wenn ich es vergessen habe, und es fällt mir bei meiner ‚révision de vie' am Abend vor dem Einschlafen ein."*

Und nun stellt sich für Cornelia die eigentliche Frage nach der Tiefe, nach der Sprache der Gewohnheiten: *„Mich mit vielen Dingen zu umgeben signalisiert Wohlstand und Sicherheit. Entrümpeln verunsichert. Mir ist aufgefallen, wie groß die Versuchung wäre, Lücken gleich wieder mit Neuem, das man scheinbar unbedingt braucht, aufzufüllen. Das ist schon richtig zur Gewohnheit geworden. Etwas wegzugeben, von dem man glaubt, es vielleicht irgendwann noch brauchen zu können, verlangt Vertrauen ins Leben. Also stellt sich beim Entrümpeln automatisch die Frage nach meinem Grundvertrauen."* Diese Frage nach dem Grundvertrauen bedeutet etwa: *„Wie weit geht Vorsorge? Und wofür sorge ich mit all den Dingen vor? Für schlechte Zeiten? Stellt sich die Frage, wie stelle ich mir schlechte Zeiten vor und wovor fürchte ich mich. Warum helfen mir all die Dinge bei der Bewältigung der Angst? Gibt es für mich keine andere Möglichkeit, mit meinen Ängsten klarzukommen? Ich möchte mir abgewöhnen, meine Ängste zuzurümpeln!"*

Oder eine andere Überlegung: *„Muss ich die Spielsachen meiner Kinder aufbewahren, damit ein Stück von ihnen immer klein und Kind für mich bleibt? Kann ich sie größer werden lassen und Vergangenes vergangen sein lassen? Also besonders bei allem, was meine Kindheit oder die meiner Kinder betrifft, ist ‚Hergeben' zugleich Loslassen und Abschiednehmen. Etwas loszulassen hinein in den Lauf der Zeit. Ich habe beim Entrümpeln gemerkt, wie schwer es mir fällt, Abschied zu* *nehmen. Ich möchte mir abgewöhnen, mich an Dinge aus der Vergangenheit zu krallen, um Abschiede zuzurümpeln!"*

Wofür stehen Gewohnheiten? Was ist deren Tiefenschicht oder Innenseite? *„Viele Dinge zu besitzen macht Macht"* – auch die Macht, helfen zu können. *„Es ist ein gutes Gefühl, ein Jemand zu sein, der in den verschiedensten Lebenssituationen angefragt werden kann. Ob vom Korkenzieher bis zum Sollbruchstellenverursacher für das Frühstücksei, ob Faschingskleid oder Spezialwerkzeug – es ist ein gutes Gefühl und hebt den Selbstwert, wenn ich was habe, was andere nicht haben, was es vielleicht nicht mehr gibt oder wovon ich am meisten besitze. Das steigert meinen Marktwert enorm. Ganz gleich ob im Klassenforum, im Freundeskreis, im Verein oder auch in der Familie. Ich hab's – ich kann was bieten, mich muss man fragen und bitten. Ich entscheide, ob der andere durch meinen Besitz, durch meine Sammlung sein Ansinnen weiterbringt oder nicht."* Cornelia arbeitet heraus, wie sehr die Gewohnheit des Sammelns in Tiefenschichten ihrer Persönlichkeit, aber auch dem sozialen Umfeld verankert ist. *„Und dann ist da auch noch die Erkenntnis, dass es viele Dinge gibt, die dadurch, dass ich sie besitze, eine Sehnsucht stillen. Sehnsucht, reich zu sein, etwas zu besitzen, was andere vielleicht nicht haben. Einfach haben, damit ich habe. Dafür gibt es das hässliche Wort ,Gier'. Die Gier nach einem Übermaß an Dingen. Die Sehnsucht nach Sattheit und zugleich dem Noch-Mehr. Eine*

Sehnsucht, die eigentlich einer verborgenen Sinnsuche entspringt und falsch und allzu leicht über den Konsum beantwortet werden kann. Dieser Sucht, auf Kataloge zu reagieren und mir über Sonderangebote ein Genusserlebnis zu verschaffen, verfalle ich immer wieder."

Nach und nach stellt sich der Pullovereffekt ein. Durch die Entrümpelungsgewohnheit hat sich hier etwas Grundsätzliches verschoben: *„Jetzt gelingt es mir immer öfter, dieser Tatsache der oberflächlichen Konsumneigung und meiner Anfälligkeit dafür ins Auge zu schauen. Und wenn es passiert, dann habe ich es mir zu einem Muss gemacht, sofort etwas Schönes und Wertvolles weiterzugeben."* Auch dieser letzte Satz ist im Sinne der bei Jerónimo Nadal angesprochenen Selbstpädagogik hilfreich: Die Arbeit an Gewohnheiten muss konsequent erfolgen – und mit einem Blick für eine klare Motivation, die Cornelia in drei Worten findet: *„Wie schreiben große Mystiker? ‚Gott allein genügt!'"*

Gewohnheiten der Liebe:
Eine Bemerkung

16.

Søren Kierkegaard hat in seiner Darstellung des zu exklusiver und anhaltender Liebe unfähigen Don Juan den Hunger nach Neuem und die Angst vor Langeweile als Motive genannt. Hier wird ein Mensch beschrieben, der „ästhetisch" lebt und stets nach Neuem aus ist. So sei die Frage gestellt: Was versäumt ein Mensch, der sich nicht auf die von Gewohnheiten getragenen, lang andauernden Beziehungen einlässt?

Ich beantworte die Frage mithilfe der Religionswissenschaft: In vielen Traditionen, etwa in mesopotamischen, babylonischen oder jüdischen Mythen, wird das Paradies als Garten dargestellt. Dieser Paradiesgarten hat, so sagen uns religionswissenschaftliche Vergleiche, drei Schlüsseleigenschaften: Er gibt Schutz und Sicherheit; er hat eine Ordnung und verleiht ein Gefühl von Übersicht; und er ist schließlich nicht ganz überschaubar, lässt Raum für Erforschen und Erkunden, hat auch Geheimnisse. Diese Einsichten sagen etwas über Gewohnheiten aus: Ein Leben ohne Gewohnheiten wird nicht paradiesisch sein; ein Leben, das nur von Gewohnheiten bestimmt ist, allerdings auch nicht. Gewohnheiten strukturieren und schaffen Ordnung – und damit einen Sinn für Vertrautes, Selbstverständliches, Wiedererkennbares, Regelmäßiges. Diese Ordnung muss also auch einen Aspekt des Offenen, des Möglichen, des Neuen, des Geheimnisvollen, des Erforschbaren, des Unbekannten, des Nichtvertrauten aufweisen. Das ist eine Frage des „Gewohnheitsmaßes". Gewohnheiten müssen maßvoll bleiben, um nicht die Vitalität aus dem Leben zu ziehen; Gewohnheiten müssen gestaltbar sein, um nicht zur toten Routine zu verkommen. Gewohnheiten müssen Ermöglichungsboden für Überraschungen und Überraschendes sein.

Bodo Kirchhoff hat in seinem Roman „Die Liebe in groben Zügen" ein Ehepaar, das viele Jahre verheiratet ist, beschrieben. Gewohnheiten spielen hier eine Doppelrolle – einerseits Eingangsort für Langeweile und Motivation für Fluchtverhalten (beide Ehepartner haben Affären), andererseits Halt und Stütze, etwa ausgedrückt in dem Satz: „Wie immer waren es die kleinen, ungeheuren Vertrautheiten, die sie zueinandertrieben, ein Wort, eine Geste, ein Anblick, Dinge, die keine Gütertrennung je erfassen könnte."[177] Man kann das „Wohnen in Gewohnheiten" auch als Fundament jenes Bleibens kennzeichnen, das dauernde Beziehungen ausmacht.[178] Gemeinsame und geteilte Gewohnheiten geben einem Leben Halt, Rituale, die über unsichere Schwellen hinweghelfen. Durch diese Form der Verlässlichkeit stellt sich eine Vertrautheit ein, die Vertrauen ermöglicht, das hält. Eine Durchbrechung von Gewohnheiten kann – im Sinne eines Pullovereffekts – der Anfang vom Ende einer Beziehung sein. Bodo Kirchhoff beschreibt eine solche Schlüsselszene: „Renz schloss ihr den Mantel, nahm aber seine Hand nicht weg, und von Marlies mehr als nur ein Stillhalten, ein stilles Gutheißen, einer jener Momente – der Griff von hinten um eine Schulter, das

Schließen eines Knopfes, der nicht der eigene ist –, die über ganze Strecken des Lebens entscheiden. Eben war noch alles offen, ein Spiel, und jetzt zieht sich schon eine Schlinge zusammen. Die fremde Schulter bleibt ruhig, ja kommt der fremden Hand mit ihrer Ruhe entgegen (schwer zu sagen, wie: die versteckte Grammatik solcher Momente), und den Knopf oder Bademantel des anderen zu schließen, fügt sich in etwas, für das es noch keine Worte gibt."[179] Hier wird ein Raum durchbrochen, ein neuer Raum geschaffen, der Reiz des Neuen paart sich mit der Verheißung auf neues Vertrautes.

Ein gewichtiges Kriterium für die gute Gewohnheit ist damit auch die Frage: Ermöglicht sie im Sinne eines Paradiesgartens Sicherheit und ist sie auch Ermöglichungsgrund für Neues und Überraschendes? Gewohnheiten können ja auch Risse überdecken – als die Ehe eines über 20 Jahre miteinander verbundenen Paares zu zerbrechen drohte, fragte eine Beraterin die Ehefrau nach der Trennung auf Zeit: Fehlt er dir, oder fehlt dir die gewohnte Zweisamkeit mit dem Alltag und den Routinen? Anders gefragt: Haben eure Gewohnheiten euch Verlässlichkeiten ermöglicht, dabei aber den Blick auf das lebendige und überraschende Du erstickt?

Das Überraschen ist eine kostbare Fähigkeit. Sie hat sowohl mit Liebe als auch mit Geisteskraft zu tun. Warum mit Liebe? Einen Menschen zu lieben heißt auch, diesen Menschen zu überraschen; diesen Menschen nicht in die Gewohnheit des trägen Selbstverständlichen fallen zu lassen, sondern durch Durchbrechungen die Liebe lebendig zu halten. C. S. Lewis hat in seinen Aufzeichnungen „Über die Trauer" nach dem Tod seiner Ehefrau Joy die „durchbrechende Kraft" seiner Partnerin am meisten vermisst, die Kraft, zu überraschen und Gewohntes außer Kraft zu setzen, „Gewöhnliches" in neuem Licht erscheinen zu lassen. Eine Liebe, die nicht überraschen kann, ist zur Routine verkommen, geschieht aus Pflichtgefühl und Bequemlichkeit. Also, Liebe ist die Fähigkeit und die Bereitschaft, einen Menschen freudig und wachstumsfördernd zu überraschen. Warum hat das Überraschen mit Geisteskraft zu tun? Weil wir Esprit und die Idee eines geistreichen Menschen damit verbinden, dass dieser Mensch uns mit Witz und Spiel überrascht; weil Intelligenz als Fähigkeit verstanden werden kann, mit neuen, mit nie da gewesenen Situationen umgehen zu können. Intelligenz ist damit auch die Fähigkeit, andere Menschen zu überraschen. Menschen, die die Fähigkeit haben, andere zu überraschen, die über ein breites Verhaltensrepertoire verfügen, tun sich leichter im Umgang mit Menschen. Frank McCourt, mehrmals „Lehrer des Jahres" in New York, beschreibt in seinem Buch „Teacher Man" seine erste berufliche Erfahrung. Er kommt zum Klassenzimmer, die Jugendlichen nehmen keine Notiz von ihm; er kämpft sich eine Schneise durch die redenden, streitenden, turnenden und tanzenden Schülerinnen und Schüler. Er stellt sich zum Lehrerpult, findet immer noch keine Beachtung. Mit feiner Selbstironie beschreibt er, wie seine ersten pädagogischen Worte nach vier Jahren intensiven Studiums lauteten: „Hey!" Auch hier keine Wirkung. Plötzlich fliegt ein Sandwich nach vorn und landet vor seinen Füßen. Kein Kurs hat ihn auf diese Lage vorbereitet, kein Buch, kein Seminar, keine Prüfung, keine wissenschaftliche Arbeit. Er ist allein gelassen und auf sich gestellt und muss diese für ihn neue Situation meistern. Das ist die Realität des Lehrberufs. Frank McCourt sieht sich, was die Sache nicht leichter macht, mit der Aufmerksamkeit und den abwartenden Blicken der Jugendlichen konfrontiert. Was wird er nun machen? Er bückt sich, hebt das Sandwich auf und beißt hinein. Damit ist das Eis gebrochen, er hat durch dieses Verhalten die Erwartungshaltung der Schülerinnen und Schüler ausgehebelt und sie überrascht. (Freilich, ein zweites Mal könnte es gefährlich sein, demselben Verhaltensmuster zu folgen.)

Es ist Zeichen von Lebensfindigkeit, ein breites Verhaltensrepertoire zu haben; das ist vergleichbar dem Wortschatz. Es ist angenehm, einem Menschen zuzuhören, der Dinge auf verschiedene Weisen auszudrücken versteht. In diesem Sinne ist es Teil der Lebenskunst, andere zu überraschen. Und es ist ebenso Teil der Lebenskunst, sich überraschen zu lassen. Der zynische Mensch ist jene bedauernswerte Persönlichkeit, die der Ansicht ist, es gebe nichts Neues unter der Sonne und alles sei schon da gewesen. Die Fähigkeit zum

„Erstblick" ist ein wesentlicher Aspekt eines gelingenden Lebens, die Fähigkeit also, Dinge so zu sehen, als würde man sie zum ersten Male sehen. Das ist auch in einer Liebesbeziehung ein wichtiges Fundament – gerade weil das Vertraute vertrauensgebend ist, schenkt dieses Vertrauensklima die Möglichkeit eines je neuen Anfangs, eines „Erstblicks". Das kann in einem schönen lateinischen Wort ausgedrückt werden: „Omnia communia, sed non communiter" – alles Gewöhnliche, aber nicht auf gewöhnliche Weise.[180] Anders gesagt: Alles Gewohnte und in Gewohnheiten Gegossene, aber mit einer Gabe des ersten Blicks.

NACHWORT:
NOCH EIN ANSTOSS

An jenem Tag, an dem ich den Brief des 20-jährigen Clemens Sedmak an den 42-jährigen Clemens Sedmak fand, hatte ich einen Traum. Ich träumte von einem alten Mann, der an mein Bett trat; zunächst dachte ich an meinen Vater, aber bei näherem Hinschauen war es wohl ich selbst, über 80 Jahre alt. Eigentlich nicht unsympathisch. Vor allem aber fremd. Etwas zittrig, viele Falten, alte Hände. An den Händen sieht man das Alter ganz deutlich. Die Gestalt beugte sich über mich. „Halbzeit", sagte dieses mein gealtertes Ich zu mir, „Halbzeit. Du bist jetzt 42 Jahre alt, in 42 Jahren wirst du so aussehen wie ich, wirst du ich sein. Dein Vater hat mit 84 Jahren einen Schlaganfall erlitten, der ihm viel Gestaltungsfreiheit nahm. Halbzeit. Noch kannst du das Ruder herumreißen. Jeder Tag ist eine Chance. Lass sie nicht vor deinen Augen schwinden. Wenn du einmal 80 Jahre alt geworden bist, wird es schwer sein; du wirst vieles von dem ernten, was du gesät hast. Der Körper ist hier ehrlich – viele ungesund gelebte Tage, viele kleine Gewohnheiten führen zu Mustern, die den Körper so formen wie der stete Tropfen auf den Stein. Alles, was du regelmäßig tust, wird vom selben Konto abgebucht, und eines Tages ist der Schuldenberg drückend hoch; die Kredite des Lebens auf deine Gewohnheiten sind endfällig – ob es sich um Bewegungsgewohnheiten,

Essgewohnheiten, Denkgewohnheiten, Wahrnehmungsgewohnheiten oder Beziehungsgewohnheiten handelt.
Sie alle bürden dir Lasten auf, sie alle ziehen eine Spur,
die immer tiefer wird, so tief, dass du nicht mehr heraus-
kommst. Denk daran: Halbzeit."

Ich muss dann wohl aufgewacht sein, mitten in der
Nacht, sonst hätte ich mich nicht an den Traum erinnern können. Sie werden sicherlich sagen, dass dies
ein Traum war, wie ihn nur ein Philosoph haben kann.
Belehrend, kopflastig, moralisierend, besserwisserisch,
altklug. Mag sein, aber ich kann Ihnen versichern, dass
es ein eigenartiges Gefühl ist, dem schwer gealterten
eigenen Ich zu begegnen, vielleicht sogar dem Ich vor
dem Tod, in der letzten Lebensphase. Die Botschaft war
eindeutig: „Carpe diem", „Nutze den Tag" oder auch:
„Pflücke den Tag." Eine wunderschöne Zeile eines glei-
chermaßen wunderschönen Gedichts von Horaz, das
uns daran erinnert, möglichst wenig auf den je folgenden Tag zu verschieben und den jetzigen Tag zu leben.

Jedenfalls wachte ich nicht mit dem Gedanken an
Horaz, sondern mit dem Wort „Halbzeit" auf. Seltsa-
merweise gingen mir Fußballspiele durch den Kopf, die
in der zweiten Halbzeit noch gedreht wurden. Das berühmte Champions-League-Finale Liverpool gegen AC
Mailand im Jahr 2005 zum Beispiel, als Milan zur Pause
3:0 geführt hatte. Innerhalb von sechs denkwürdigen
Minuten schaffte Liverpool in der zweiten Hälfte bis zur
60. Minute den Ausgleich, um schließlich im Elfmeter-

schießen zu gewinnen. Es ist erst vorbei, wenn es vorbei ist; eine zweite Halbzeit kann lang sein; oder auch zu schnell vergehen. Die Moral aus diesen Erfahrungen: „Du sollst dein Leben ändern. Fang bei deinen Gewohnheiten an. Fang bei einer Gewohnheit an. Jetzt."

ANMERKUNGEN

1 „I tried to live a year in this one day, to borrow time
from the future, to absorb the whole soul of my home.
I looked intensely at their faces as if to imprint them as
they were then on my memory forever." (Raphael Lemkin, Totally Unofficial. The Autobiography of Raphael
Lemkin. Ed. by Donna-Lee Frieze. New Haven 2013,
S. 57 f.).

2 Zum Begriff des Alltags: Norbert Elias, Zum Begriff des
Alltags. In: K. Hammerich et al. (Hgg.), Materialien zur
Soziologie des Alltags. Opladen 1978, S. 22–29; Ingo
Mörth, Meinrad Ziegler, Die Kategorie des „Alltags". Pen-
delbewegung oder Brückenschlag zwischen Mikro- und
Makro-Ufer der Soziologie. *Österreichische Zeitschrift
für Soziologie* 15,3 (1990), S. 88–111.

3 Agnes Heller, Das Alltagsleben. Frankfurt a. M. 1978.

4 Edmund Husserl hat in seiner Spätphilosophie die
Idee einer „Lebenswelt", eines vorwissenschaftlichen,
„selbstverständlichen" Handlungsraums, vorangetrie-
ben; bekannt geworden ist die in diesem Einflussbereich
entstandene Schrift Alfred Schütz, Thomas Luckmann,
Strukturen der Lebenswelt. Frankfurt a. M. 1978.

5 Ronald Lutz (Hg.), Erschöpfte Familien. Wiesbaden
2012.

6 Breaking the Silence (Hg.), Breaking the Silence. Israelische Soldaten berichten von ihrem Einsatz in den
besetzten Gebieten. Berlin 2012; die angeführten Beispiele finden sich auf den Seiten 90, 236, 239. Ein Soldat

schildert die Arbeitsbeschreibung mit den Worten: „Ich erinnere mich, dass mir relativ deutlich gesagt wurde, ‚unser Auftrag besteht darin, zu stören‘ – das war der genaue Wortlaut –, ‚das Leben der Leute zu stören und sie zu belästigen‘. So war unser Auftrag definiert" (ebd., S. 243); damit ist dezidiert die Absicht definiert, die Herausbildung von „Alltagsleben" zu behindern.

7   Robert u. Edward Skidelsky, Wie viel ist genug? München 2013, S. 208 ff.

8   Mason Currey, Daily Rituals. How Great Minds Make Time, Find Inspiration, and Get to Work. New York 2013.

9   Ebd., S. 145.

10 Ebd., S. 89.

11 Haddon Klingberg, Jr., Das Leben wartet auf dich. Elly und Viktor Frankl. Wien 2002, S. 366–369.

12 Currey, Daily Rituals, S. 55 bzw. 38 f.

13 Ebd., S. 105.

14 Ebd., S. 229–231.

15 „Another variant of practice is the adoption of a daily routine or timetable in order to maximize productivity or creativity. In this case, the self-imposed habit does not aim to cultivate a particular disposition, skill or virtue. Its purpose is to provide a framework that effaces effort and decision about everyday matters: when to get up, what to wear, how to wash, when to eat, and so on. So a writer or an artist, for example, might adopt such a schedule in order to write or paint with a clear mind. Such habits may be idiosyncratic, for they are usually solitary. But they have a similar effect to the communal routines followed by monks and nuns, who live by a rule

designed to free their attention for prayer"
(Clare Carlisle, On Habit. London 2014, S. 108).

[16] Der Satz ist der Titel eines gegen den Optimierungs-
druck gerichteten Buches von Rebecca Niazi-Shahabi
(München 2013).

[17] „If we want to make sense of a life having meaning, we
must take up the Romantic's analogy. We find it natural
to say that an artist gives meaning to his raw materials
and that a pianist gives fresh meaning to what he plays.
We can think of living well as giving meaning – ethical
meaning, if we want a name – to a life. That is the only
kind of meaning in life that can stand up to the fact and
fear of death" (Ronald Dworkin, Justice for Hedgehogs.
Cambridge, Mass 2011, S. 198).

[18] „Because you take yourself seriously, you judge that
living well means expressing yourself in your life,
seeking a way to live that grips you as right for you
and your circumstance ... It may ... amount to what we
call character, or what Nietzsche called a ‚style': a way
of being that you find suited to your situation, not one
drawn mindlessly from convention or the expectations
or demands of others" (ebd., S. 209 f.).

[19] Gretchen Rubin, The Happiness Project. New York 2009.

[20] Das Leben des Shin Dong-hyuk wurde von Blaine Harden beschrieben; Blaine Harden, Flucht aus Lager 14.
Die Geschichte des Shin Dong-hyuk. München 2012.

[21] Ebd., S. 135.

[22] Ebd., S. 131.

[23] Robert Nozick, A Portrait of the Philosopher as a Young Man.
In: Ders., The Examined Life. New York 1989, S. 303 f.

24 „We reach maturity by finding a fit substitute for pa-
rents' love, then by becoming our ideal parent ourselves
finally the circle is closed and we reach completeness"
(ebd., S. 303).

25 Mohandas Karamchand Gandhi, An Autobiography or
the Story of my Experiments with Truth. New Delhi
1940.

26 „So no sooner had I launched forth on that life, than I
began to cut down expenses. The washerman's bill was
heavy, and as he was besides by no means noted for his
punctuality, even two or three dozen shirts and collars
proved insufficient for me. Collars had to be changed
daily and shirts, if not daily, at least every alternate day.
This meant a double expense, which appeared to me
unnecessary. So I equipped myself with a washing outfit
to save it. I bought a book on washing, studied the art
and taught it also to my wife. This no doubt added to my
work, but its novelty made it a pleasure. I shall never
forget the first collar that I washed myself. I had used
more starch than necessary, the iron had not been made
hot enough, and for fear of burning the collar I had not
pressed it sufficiently. The result was that, though the
collar was fairly stiff, the superfluous starch continually
dropped off it. I went to court with the collar on, thus
inviting the ridicule of brother barristers, but even in
those days I could be impervious to ridicule. ‚Well', said
I, ‚this is my first experiment at washing my own collars
and hence the loose starch. But it does not trouble me,
and then there is the advantage of providing you with
so much fun. ' ‚But surely there is no lack of laundries

here?' asked a friend. ‚The laundry bill is very heavy', said I. ‚The charge for washing a collar is almost as much as its price, and even then there is the eternal dependence on the washerman. I prefer by far to wash my things myself.' But I could not make my friends appreciate the beauty of self-help" (ebd., III, S. 9).

27 Christopher Hamilton beschreibt diese Dynamik in seinen philosophischen Reflexionen über das mittlere Alter: „In middle age one grasps that one has a certain character or personality – that one *is* this kind of person – and that this was never chosen or willed" (Christopher Hamilton, Middle Age. Stocksfield 2009, S. 12).

28 Der Satz über gesollte Lebensveränderung, der Peter Sloterdijk ein dickes Buch gewidmet hat (Peter Sloterdijk, Du musst dein Leben ändern. Frankfurt a. M. 2009), hat etwas Verdächtiges an sich. Adam Soboczynski beginnt seine Rezension des Sloterdijk-Buches in der *Zeit* mit den Worten: „Der Rat, dass man sein Leben ändern müsse, erscheint in zweifacher Hinsicht banal. Banal, da es der warnende Freundessatz ist, den wir hören, wenn sich jemand Sorgen macht um unser Wohlergehen: Du musst weniger rauchen! Mehr schlafen! Abnehmen! Derlei lebenspragmatische Veränderungen gelingen, wenn auch mühsam, bisweilen. Bezogen auf Gruppen – ‚Wir müssen unser Leben ändern' –, erscheint der Imperativ als naiv, verweist er doch auf ein Kollektivsubjekt und damit auf einen Adressaten, der in einer funktional differenzierten Gesellschaft kaum mehr als kohärente Größe greifbar ist und auf den man nach den fatalen Irrungen des 20. Jahrhunderts ohnehin ungern setzen

mag" (Adam Soboczynski, Üben, Üben, Üben. *Die Zeit*, 7.4. 2009).

[29] Leo Hickman, Fast nackt. Mein abenteuerlicher Versuch, ethisch korrekt zu leben. München 2006; A Life Stripped Bare. My Year Trying to Live Ethically. London 2005.

[30] Ebd., S. 5.

[31] Ebd., S. 269.

[32] Frei übersetzt nach Leo Hickman, Living the Sustainability/CSR Agenda to the MAX. In: Clemens Sedmak et al. (Hgg.), Marktwirtschaft für die Zukunft. Wien 2013, S. 195–204, hier S. 196 f.

[33] Ulrich Schnabel, Der Weg zu sich selbst. Ein Gespräch mit dem Hirnforscher Wolf Singer über Erfahrungen bei der Meditation und die Neurobiologie des Religiösen. *Die Zeit*, 23.10.2008; siehe auch: Wolf Singer, Matthieu Ricard, Hirnforschung und Meditation. Ein Dialog. Frankfurt a. M. 2008.

[34] Frei übersetzt nach Mikhail Chevalkov, Testament of Memory. A Siberian Life. Jordanville, NY 2011, S. 3 f.

[35] Martha Payne, David Payne, Never Seconds. The Incredible Story of Martha Payne. Glasgow 2012.

[36] Hickman, Fast nackt, S. 55.

[37] Steve de Shazer, Words were Originally Magic. New York 1994; Insoo Kim Berg, Familien-Zusammenhalt(en). Ein kurz-therapeutisches und lösungs-orientiertes Arbeitsbuch. Dortmund 1998; für einen Überblick über den Zugang vgl. Chris Iveson, Solution-focused brief therapy. *advances in psychiatric treatment* 8 (2002), S. 149–157.

[38] John Dewey hat eine Gewohnheit mit dem Aspekt der erworbenen Verhaltensdisposition charakterisiert: „The

essence of habit is an acquired predisposition to *ways*
or modes or response" (John Dewey, Human Nature
and Conduct. An Introduction to Social Psychology. New
York 1922, S. 42).

[39] Benjamin Gardner hat diesen Aspekt des Automatismus
in seinen psychologischen Beiträgen zur Gewohnheitsforschung in den Mittelpunkt gestellt: Gewohnheiten
können als „dormant habits" latent schlummern und
beim entsprechenden Auslöser aktiviert werden, selbst
wenn dieser Auslöser über längere Zeit nicht zur Verfügung stand (Benjamin Gardner, Habit as automaticity,
not frequency. *The European Health Psychologist* June
2012, S. 32–36). Der Self-Report Habit Index (SRHI) als
Instrument zur Messung von Gewohnheiten ordnet Verhalten unter dem Aspekt der Automatisierung und Häu-
figkeit als Gewohnheit ein („Behaviour X is something
I do without thinking"; „Behaviour X is something I do
frequently"), bringt aber auch einen Aspekt der Iden-
titätsbildung (in der Philosophie als „zweite Natur"
diskutiert) ein („Behaviour X is something that's typical-
ly ‚me'"); Benjamin Gardner et al., A systematic review
and meta-analysis of applications of the Self-Report
Habit Index to nutrition and physical activity behaviors.
Annals of Behavioral Medicine 42 (2011), S. 174–187.

[40] Charles Duhigg, Die Macht der Gewohnheit. Berlin 2012,
S. 49 f.

[41] Ebd., S. 58–61.

[42] „Claude Hopkins verkaufte keine schönen Zähne. Er verkaufte eine Empfindung. Sobald die Pepsodent-Nutzer
ein Verlangen nach diesem kühlen Prickeln verspürten –

sobald sie es mit Sauberkeit gleichsetzten –, wurde das Zähneputzen zu einer Gewohnheit" (ebd., S. 86).

[43] Daniel Kehlmann, F. Reinbek bei Hamburg 2013, S. 184.

[44] Dieser Punkt findet sich ausgearbeitet bei Erkki Kilpinen, Human beings as creatures of habit. Helsinki Collegium for Advanced Studies. *Studies across Disciplines in the Humanities and Social Sciences* 12 (2012), S. 45–69.

[45] Cicero, De Natura Deorum II, S. 60.

[46] Vgl. Clare Carlisle, On Habit, S. 16 f.

[47] „Welche Charaktereigenschaften eine Person hat, ist … bis zu einem gewissen Punkt eine willentliche Entscheidung, ‚denn wir sind gewissermaßen Mitursache der Eigenschaften' (*Nikomachische Ethik*, III.5, 1114b22). Wir sind, mit anderen Worten, in dem Maße für das, was wir sind, verantwortlich, indem wir uns selbst – durch unser willentliches Verhalten – zu dem gemacht haben, was wir sind" (Harry Frankfurt, Sich selbst ernst nehmen. Frankfurt a. M. 2007, S. 21).

[48] Susan Spencer-Wendel, Until I say Good-Bye. Croydon 2013, S. 123 ff. „Like so many women, I had spent scads of money finding the just-so combo for my face … Even as my hands weakened, I applied makeup … Me without makeup was NOT an option" (S. 124); es folgt der klare Hinweis auf den Zusammenhang mit der eigenen Identität, mit der eigenen „Natur": „Caring about how you look is not shallow. Pride is the engine of self-respect. Nothing important ever was accomplished by letting the little things slip" (ebd).

[49] Martin Heidegger, Bauen, Wohnen Denken. In: Ders., Vorträge und Aufsätze. Stuttgart ⁷1994, S. 139–156.

[50] Johannes XXIII., Geistliches Tagebuch. Freiburg i. Br. 1965, S. 45.

[51] Ebd., S. 62.

[52] Ebd., S. 116.

[53] Ebd., S. 127.

[54] Dieser Zugang wird klar dargestellt in F. Delor, M. Hubert, Revisiting the concept of „vulnerability". *Social Science and Medicine* 50 (2000), S. 1557–1570.

[55] Daniel Coyle, The Talent Code. London 2009.

[56] Eine ausgezeichnete Einführung in den philosophischen Diskurs über Gewohnheiten bietet die englische Philosophin Clare Carlisle, On Habit. London 2014; eine Sammlung klassischer philosophischer Texte haben Michael Hampe und Jan-Ivar Lindén zusammengestellt: Im Netz der Gewohnheit. Ein philosophisches Lesebuch. Hamburg 1993; materialreich und empfehlenswert ist auch der Einführungstext „Schlechte Angewohnheiten" von Bernhard Kleeberg in: Bernhard Kleeberg (Hg.), Schlechte Angewohnheiten. Berlin 2012, S. 9–63.

[57] Joseph Butler, The Analogy of Religion. Oxford 1907, S. 102.

[58] Vgl. Clare Carlisle, Between freedom and necessity: Félix Ravaisson on habit and the moral life. *Inquiry. An Interdisciplinary Journal of Philosophy* 53:2 (2010), S. 123–145.

[59] Aristoteles, Nikomachische Ethik II 1, 1103a19–23.

[60] Aristoteles, Rhetorik I 10, 1369b6–7.

[61] Aristoteles, Politik VII 13, 1332b6–8.

[62] Aristoteles, Politik VII 15, 1334b8–12. In der Erziehung geht es auch darum, durch Lernen eine Veränderung der Haltungen hervorzurufen.

[63] Immanuel Kant, Kritik der praktischen Vernunft, Vorrede. Werkausgabe VII, hg. W. Weischedel. Frankfurt a. M. 1974, S. 117; ähnlich in: Kritik der reinen Vernunft. Werkausgabe III, hg. v. W. Weischedel. Frankfurt a. M. 1974, S. 133.

[64] Immanuel Kant, Schriften zur Anthropologie, Geschichtsphilosophie, Politik und Pädagogik 2. Werkausgabe XII, hg. v. W. Weischedel. Frankfurt a. M. 1977, S. 437.

[65] Jean-Jacques Rousseau, Abhandlung über den Ursprung und die Grundlagen der Ungleichheit unter den Menschen. Schriften 1, hg. v. H. Ritter. Frankfurt a. M. 1988, S. 165–302, v. a. S. 193 f.

[66] Friedrich Nietzsche, Die fröhliche Wissenschaft. Leipzig 1887, § 295.

[67] Clare Carlisle kommentiert Nietzsches „kurze Gewohnheiten" kritisch: „From an ethical point of view, praising brief habits seems little more than an idealization of faddiness, inconsistency and irresponsibility – as if a toddler exemplified the *summum bonum*" (Carlisle, On Habit, S. 78).

[68] John Locke, Versuch über den menschlichen Verstand. Buch II, Kapitel 21, § 47.

[69] William James spricht von „the hell we make for ourselves in this world by habitually fashioning our characters in the wrong way. Could the young but realise how soon they will become mere walking bundles of habit, they would give more heed to their conduct while in the plastic state" (William James, Psychology: Briefer Course. Cambridge, Mass. 1984, S. 138).

[70] Augustinus, Bekenntnisse 16; ähnlich 8,7.

[71] Ebd., 8,5.

[72] Carlisle, On Habit, S. 23–27.

[73] „The daily life into which people are born, and into which they are absorbed before they are well aware, forms chains which only one in a hundred has moral strength enough to despise and to break when the right time comes" (Elizabeth Gaskell, Ruth. London 2013, S. 8).

[74] Gonçalo M. Tavares, Joseph Walsers Maschine. München 2014, S. 18.

[75] Ebd., S. 21.

[76] In einer frühchristlichen Schrift beschreibt Abbas Makaros, der Ägypter, die Hölle mit diesen Worten: „Es ist unmöglich, daß einer den anderen von Angesicht zu Angesicht sieht, weil eines jeden Angesicht auf den Rücken des anderen gerichtet ist" (Bonifaz Miller [Hg.], Weisung der Väter. Trier [8]2009, S. 491).

[77] Johannes XXIII., Geistliches Tagebuch, S. 196 bzw. 241.

[78] Andersen nennt diese drei Phasen „deklarativ", „wissenskumulierend" und „prozedural"; vgl. J. R. Anderson, Acquisition of cognitive skills. *Psychological Review* 89 (1982), S. 369–406.

[79] Les Robinson, Changeology. Totnes 2012, S. 109 ff.

[80] Art Markman, Smart Change. New York 2014.

[81] Robinson, Changeology, S. 117–119.

[82] Siehe http://tinyhabits.com.

[83] Currey, Daily Rituals, S. 34 f.

[84] Ludwig Wittgenstein, Philosophische Untersuchungen. Oxford 1967, S. 250, 584.

[85] Vgl. Wendy Wood et al., Changing circumstances, disrupting habits. *Journal of Personality and Social Psychology* 88,6 (2005), S. 918–933.

[86] Philip Zimbardo, A situationist perspective on the psychology of evil. In: A. G. Miller (ed.), The Social Psychology of Good and Evil. New York 2004, S. 21–50, hier 28.

[87] Vgl. Carlisle, On Habit, S. 9.

[88] Thomas von Aquin, Summa Theologica II-II, q. 137. Augustinus weist in seiner Schrift „De dono perseverantiae" darauf hin, dass die Durchhaltekraft von der Gnade Gottes abhänge und nicht vom Menschen allein aufgebracht werden könne. In einem religiösen Zusammenhang ist dies plausibel, in einem nichtreligiösen Kontext kann man jedenfalls den Hinweis retten, dass ein Mensch, der die harte Arbeit einer Gewohnheitsveränderung auf sich nimmt, auf Unterstützung angewiesen ist.

[89] Aristoteles, Nikomachische Ethik, 1151a10–11.

[90] Christine Haiden, Petra Rainer, Vielleicht bin ich ja ein Wunder. Gespräche mit 100-Jährigen. St. Pölten/Salzburg ²2007, S. 55.

[91] Harry Frankfurt, Identification and wholeheartedness. In: Ders., The Importance of What We Care About. Cambridge ¹⁴2007, S. 159–176.

[92] Frithjof Bergmann, Neue Arbeit, neue Kultur. Freiamt i. Schwarzwald 2004.

[93] Unna Danner und ihre Kolleginnen und Kollegen haben gezeigt, dass klare Intentionen kognitive Mechanismen in Gang setzen können, die wie ein „Schutzschild gegen Gewohnheiten" wirken; vgl. Unna Danner et al., Paving the path for habit change: Cognitive shielding of intentions against habit intrusion. *British Journal of Health Psychology* 16,1 (2011), S. 189–200.

94 „A motion made more easy and ready by custom; that is to say, by perpetual endeavour, or by iterated endeavours" (Thomas Hobbes, Elements of Philosophy III,22,20. London 1839, Bd. 4, S. 349).

95 Tanizaki Jun'ichirō, Lob der Meisterschaft. Zürich 2010. Das Original erschien 1933.

96 Vgl. Wanda Jager, Breaking „bad habits": a dynamic perspective on habit formation and change. In: L. Hendrickx et al. (eds.), Human Decision Making and Environmental Perception. Understanding and Assisting Human Decision Making in Real-life Settings. Groningen 2003, v. a. Abschnitt 3.

97 Melanie Jaeger-Erben hat zu ebendiesem Thema eine Dissertation vorgelegt; Melanie Jaeger-Erben, Zwischen Routine, Reflektion und Transformation. Die Veränderung von alltäglichem Konsum durch Lebensereignisse und die Rolle von Nachhaltigkeit. Eine empirische Untersuchung unter Berücksichtigung praxistheoretischer Konzepte. Diss. Berlin 2010.

98 Stewart O'Nan, Emily, allein. Reinbek bei Hamburg 2012, S. 46.

99 Jerónimo Nadal, Der geistliche Weg. Hg. v. J. Stierli. Freiburg i. Br. 1991, S. 68 bzw. 62.

100 Evagrius Ponticus, 23 Kapitel über die Unterscheidung der Leidenschaften und Gedanken. In: Philokalie der heiligen Väter der Nüchternheit. Bd. 1. Würzburg 2004, S. 79–102, hier 87.

101 Dietrich Bonhoeffer, Widerstand und Ergebung. Briefe und Aufzeichnungen aus der Haft. Vollständige Ausgabe, versehen mit Einleitung, Anmerkungen und Kommenta-

ren. Hg. v. Chr. Gremmels, E. Bethge, R. Bethge in Zusammenarbeit mit I. Tödt. Dietrich Bonhoeffer, Werke, Bd 8. Gütersloh 2011, S. 454.

[102] Vgl. Benjamin Gardner et al., Making health habitual: the psychology of „habit formation" and general practice. *British Journal of General Practice* 62 (2012), S. 664–666.

[103] Vgl. Clare Carlisle, Creatures of habit: The problem and the practice of liberation. *Continental Philosophy Review* 38 (2006), S. 19–39.

[104] Katrin Hartmann, Ende der Märchenstunde. München 2009.

[105] Ein eindrucksvolles Beispiel messgestützter und sorgsam geplanter institutioneller Gewohnheitsumstellung hat Bruder Josef Götz OSB in der Benediktinerabtei St. Ottilien zuwege gebracht; Josef Thomas Götz, Auf dem Weg zum energieautarken Klosterdorf. In: Clemens Sedmak et al. (Hgg.), Marktwirtschaft für die Zukunft. Wien 2013, S. 53–62.

[106] Tiziano Terzani, Noch eine Runde auf dem Karussell. Vom Leben und Sterben. München 2007, S. 18.

[107] Sunzi, Die Kunst des Krieges. München 2001, S. 146.

[108] Ebd., S. 96.

[109] „A decoy habit is a habit that a person claims to want to adopt – but really doesn't intend to do. Often, decoy habits reflect *other people's* values or priorities. ‚I want to cook dinner every night.' ‚I want to finish my Ph.D. thesis by the end of the year.' ‚I want to give up coffee.'" (Gretchen Rubin, www.gretchenrubin.com).

[110] Sunzi, Die Kunst des Krieges, S. 35.

[111] Vgl. Clemens Sedmak, Innerlichkeit und Kraft. Freiburg i. Br. 2013, S. 152.

[112] Anthony Trollope, An Autobiography. Reprint. New York 1922, S. 236 f.

[113] Richard Davenport-Hynes, Auden. New York 1995, S. 298.

[114] C. S. Lewis, Dienstanweisung für einen Unterteufel. Freiburg i. Br. 1966.

[115] Roy Baumeister et al., Everyday temptations: an experience sampling study of desire, conflict, and self-control. *Journal of Personality and Social Psychology* 102,6 (2012), S. 1318–1335.

[116] Die Hemmung ist wiederum eine Frage der Gehirnstruktur, genauer: des rechten präfrontalen Kortex; Daria Knoch, Ernst Fehr, Resisting the power of temptations. The right prefrontal cortex and self-control. *Annals of the New York Academy of Sciences* 1104 (2007), S. 123–134.

[117] Vgl. Kevin X. D. Huang et al., Temptation and Self-Control: Some Evidence and Applications. Federal Reserve Bank of San Francisco Working Paper Series 23. San Francisco 2013.

[118] Alessandro Bucciol et al., Temptation at work. Harvard Business School. Working Paper 11-090. Cambridge, Mass 2011.

[119] Sunzi, Kunst des Krieges, S. 78.

[120] Ebd., S. 28.

[121] Ebd., S. 75 bzw. 114.

[122] Ebd., S. 63.

[123] Vgl. Clemens Sedmak, Innerlichkeit und Kraft, S. 91 ff.

[124] Judith Levine, No Shopping. Ein Selbstversuch. Berlin 2007.

[125] Mark Boyle, The Moneyless Man. A Year of Freeconomic Living. Oxford 2010.

[126] Johannes Cassian, Über die acht Gedanken der Lasterhaftigkeit. Philokalie. Bd. 1. Schriftleitung Gregor Hohmann. Würzburg ²2007, S. 107–136, hier 124.

[127] Charles Duhigg, Die Macht der Gewohnheit, S. 14.

[128] Das Gespräch mit Toni Mathis findet sich in: Clemens Sedmak, Auszeit. Ein Philosoph erlebt die Fitnesswoche. Feldkirch 2010, S. 9–15, hier 11.

[129] Ebd.

[130] Havi Carel, Illness. Durham 2013.

[131] Daniel Dorling, Injustice. Why Social Inequality Persists. Bristol 2011.

[132] Für eine Rekonstruktion dieses Gedankens bei Dewey und Mead vgl. Frank Adloff, Dirk Jörke, Gewohnheiten, Affekte und Reflexivität. Ein pragmatistisches Modell sozialer Kooperation im Anschluss an Dewey und Mead. *Österreichische Zeitschrift für Soziologie* 38 (2013), S. 21–41.

[133] Sam Wineburg, Historical Thinking and Other Unnatural Acts. Philadelphia 2001.

[134] Zit. nach Carlisle, On Habit, S. 56.

[135] Vgl. Richard Hare, Theology and falsification. In: Ders., Essays in Religion and Education. Oxford 1992.

[136] Dies ist in etwa André Glucksmanns Verständnis von Dummheit; André Glucksmann, Die Macht der Dummheit. Frankfurt a. M. 1988.

[137] Aaron James, Assholes. A Theory. New York 2012.

[138] Avishai Margalit, Politik der Würde. Berlin 1997, Kap. 6.

[139] Anna Sam, Die Leiden einer jungen Kassiererin. München 2009.

[140] Alexandra Horowitz, On Looking. Eleven Walks with Expert Eyes. New York 2013.

[141] Steven Toepfer, Kathleen Walker, Letters of gratitude: improving well-being through expressive writing. *Journal of Writing Research* 1,3 (2009), S. 181–198.

[142] Zhao Jie, Kleiner Phönix. Eine Kindheit unter Mao. München 2013, S. 351.

[143] „Wenn es aber Wirklichkeitssinn gibt, und niemand wird bezweifeln, daß er seine Daseinsberechtigung hat, dann muß es auch etwas geben, das man Möglichkeitssinn nennen kann ... Wer ihn besitzt, sagt beispielsweise nicht: Hier ist dies oder das geschehen, wird geschehen, muß geschehen; sondern er erfindet: Hier könnte, sollte oder müßte geschehn; und wenn man ihm von irgend etwas erklärt, daß es so sei, wie es sei, dann denkt er: Nun, es könnte wahrscheinlich auch anders sein. So ließe sich der Möglichkeitssinn geradezu als die Fähigkeit definieren, alles, was ebensogut sein könnte, zu denken und das, was ist, nicht wichtiger zu nehmen als das, was nicht ist. Man sieht, daß die Folgen solcher schöpferischen Anlage bemerkenswert sein können, und bedauerlicherweise lassen sie nicht selten das, was die Menschen bewundern, falsch erscheinen und das, was sie verbieten, als erlaubt oder wohl auch beides als gleichgültig. Solche Möglichkeitsmenschen leben, wie man sagt, in einem feineren Gespinst, in einem Gespinst von Dunst, Einbildung, Träumerei und Konjunktiven;

Kindern, die diesen Hang haben, treibt man ihn nachdrücklich aus und nennt solche Menschen vor ihnen
Phantasten, Träumer, Schwächlinge und Besserwisser
oder Krittler" (Robert Musil, Der Mann ohne Eigenschaften. Reinbek 1970, 1. Buch, Abschnitt 4).

144 Vgl. Clemens Sedmak, Armutsbekämpfung. Wien 2013,
S. 70 f.

145 Leo der Große, Zehn Predigten am Geburtsfeste unseres Herrn Jesu Christi. 7. Predigt (Sämtliche Predigten,
Sermo 27), Abschnitt 3.

146 Leo der Große, Zwei Predigten über die Auferstehung
des Herrn. 1. Predigt (Sämtliche Predigten, Sermo 71),
Abschnitt 6. Chrysostomus, etwas früher als Leo, teilt
diesen Gedanken, wenn er davon ausgeht, dass Gewohnheiten zu „natürlicher Standhaftigkeit" führen, die auch
durch Unachtsamkeit nicht gefährdet werden könne;
Chrysostomos, Kommentar zum Evangelium des
hl. Matthäus, Elfte Homilie, III,8.

147 Palladius von Helenopolis, Leben der Väter, Abschnitt 18.

148 Theodoret von Cyrus, Mönchsgeschichte, Abschnitt 31.

149 Giorgio Agamben, Höchste Armut. Ordensregeln und
Lebensform. Homo Sacer IV.1. Frankfurt a. M. 2012, S. 31 f.

150 Pachomius in der Vita Pachomii, Abschnitt 32.

151 Dieses Gesetz stützt sich auf die Evangelienstelle
Lk 11,24–26.

152 Vgl. Clemens Sedmak, Innerlichkeit und Kraft, S. 153–
156.

153 Augustinus, Confessiones 10,30.

154 Theodoret von Cyrus, Mönchsgeschichte, Abschnitt 5.

155 Vgl. Augustinus, Bekenntnisse 3,8.

[156] Ebd., 8,5.

[157] Ebd., 8,9.

[158] Ebd., 10,40.

[159] Ebd., 9,8.

[160] Vgl. Clare Carlisle, The question of habit in theology and philosophy: from hexis to plasticity. *Body & Society* 19,2/3 (2013), S. 30–57.

[161] Eusebius von Cäsarea, Kirchengeschichte V,24.

[162] Tertullian, Vom Kranze des Soldaten, Kap. 3.

[163] Zum Zusammenhang von Gewohnheiten und Institutionen siehe Geoffrey M. Hodgson, Reclaiming habit for institutional economics. *Journal of Economic Psychology* 25 (2004), S. 651–660, v. a. Abschnitt 4.

[164] Charles Duhigg, Die Macht der Gewohnheit, Kap. 4.

[165] Am deutlichsten wird Bourdieus Theorie der Gewohnheiten in seinen Studien zu gesellschaftlichen Unterschieden dargestellt; Pierre Bourdieu, Die feinen Unterschiede. Frankfurt a M. ¹⁰1998; zu Bourdieus Theorie der Gewohnheiten siehe David L. Swartz, The sociology of habit: the perspective of Pierre Bourdieu. *The Occupational Therapy Journal of Research* 22 (2002), S. 61S–69S.

[166] Norbert Elias hat diesen Prozess eindrucksvoll beschrieben; Norbert Elias, Über den Prozeß der Zivilisation. 2 Bde. Frankfurt a. M. 1976; zum sozialen Kontext von „bad habits" vgl. John Burnham, Bad Habits. New York 1993; auch die Beiträge in Kleebergs Band „Schlechte Angewohnheiten" geben beispielhaft den sozialen Kontext von „bad habits" wieder.

[167] Liane Phillips, Eco Montgomery Garrett, Why Don't They Just Get a Job? Highlands, TX 2010.

[168] Martin Kämpchen, Leben ohne Armut. Freiburg i. Br. 2011.

[169] Ebd., S. 119.

[170] Jennifer Offill, Department of Speculation. London 2014, S. 6. Lesegewohnheiten eines Volkes können auf einer Makroebene einen großen Unterschied bedeuten, was wiederum mit institutioneller Unterstützung und der Schaffung einer geeigneten Umgebung zusammenhängt; siehe die Studie von A. J. Aina et al., Poor reading habits among Nigerians: the role of libraries. *Library Philosophy and Practice* 2011.

[171] Tim Kasser, The High Price of Materialism. Cambridge, Mass. 2002.

[172] Etienne Renault, L'expérience de l'injustice: Clinique et reconnaissance de l'injustice. Paris 2004.

[173] Zhao Jie, Kleiner Phönix, S. 123.

[174] Ebd., S. 136.

[175] Richard Rohr, Andreas Ebert, Das Enneagramm. München [37]2001, S. 44.

[176] Essgewohnheiten beispielsweise sind nicht nur mit dem sozialen Kontext, sondern auch mit dem psychischen Wohlbefinden von Menschen verbunden; siehe dazu eine Studie von Kurubaran Ganasegeran et al., Social and psychological factors affecting eating habits among university students in a Malaysian medical school: a cross-sectional study. *Nutrition Journal* 11,48 (2012).

[177] Bodo Kirchhoff, Die Liebe in groben Zügen. Frankfurt a. M. [2]2012, S. 149.

[178] Das Motiv des „Bleibens" in Beziehungen („abiding in relationships") hat Ben Quash untersucht; Ben Quash, Abiding. London 2012.

179 Kirchhoff, Die Liebe in groben Zügen, S. 58. Wie Gift sickert die Möglichkeit des Aufbaus neuer Vertrautheit, die freilich nicht mit den Begriffen „Gewöhnlichkeit" oder „Gewohnheiten" beschrieben wird, ein: „Und beim Frühstück von ihm der Vorschlag, trotz Regen nach Lucca zu fahren, für eine Nacht, dann vielleicht weiter nach Assisi: eine Idee wie das unerbittliche Wirken von Gift" (S. 59).

180 Johannes XXIII., Geistliches Tagebuch, S. 133.

LITERATURVERZEICHNIS

Adloff, Frank, Jörke, Dirk, Gewohnheiten, Affekte und Reflexivität Ein pragmatistisches Modell sozialer Kooperation im Anschluss an Dewey und Mead. *Österreichische Zeitschrift für Soziologie* 38 (2013), S. 21–41

Agamben, Giorgio, Höchste Armut. Ordensregeln und Lebensform. Homo Sacer IV.1. Frankfurt a. M. 2012

Aina, A. J., et al., Poor reading habits among Nigerians: the role of libraries. Library Philosophy and Practice 2011

Anderson, J. R., Acquisition of Cognitive Skills. *Psychological Review* 89 (1982), S. 369–406

Bachmann, Ingeborg, Das dreißigste Jahr. Erzählungen. München 2007

Baumeister, Roy, et al., Everyday Temptations: An Experience Sampling Study of Desire, Conflict, and Self-Control. *Journal of Personality and Social Psychology* 102,6 (2012), S. 1318–1335

Berg, Insoo Kim, Familien-Zusammenhalt(en). Ein kurz-therapeutisches und lösungs-orientiertes Arbeitsbuch. Dortmund 1998

Bergmann, Frithjof, Neue Arbeit, neue Kultur. Freiamt i. Schwarzwald 2004

Bonhoeffer, Dietrich, Widerstand und Ergebung. Briefe und Aufzeichnungen aus der Haft. Vollständige Ausgabe, versehen mit Einleitung, Anmerkungen und Kommentaren. Hg. v. Chr. Gremmels, E. Bethge, R. Bethge in Zusammenarbeit mit I. Tödt. Dietrich Bonhoeffer, Werke, Bd 8. Gütersloh 2011

Bourdieu, Pierre, Die feinen Unterschiede. Frankfurt a. M. [10]1998

Boyle, Mark, The Moneyless Man. A Year of Freeconomic Living. Oxford 2010

Breaking the Silence (Hg.), Breaking the Silence. Israelische Soldaten berichten von ihrem Einsatz in den besetzten Gebieten. Berlin 2012

Bucciol, Alessandro, et al., Temptation at work. Harvard Business School. Working Paper 11-090. Cambridge, Mass. 2011

Burnham, John, Bad Habits. New York 1993

Butler, Joseph, The Analogy of Religion. Oxford 1907

Carel, Havi, Illness. Durham 2013

Carlisle, Clare, Between Freedom and Necessity: Félix Ravaisson on Habit and the Moral Life. Inquiry. An Interdisciplinary Journal of Philosophy 53:2 (2010), S. 123–145

Dies., Creatures of habit: The problem and the practice of liberation. *Continental Philosophy Review* 38 (2006), S. 19–39

Dies., On Habit. London 2014

Dies., The question of habit in theology and philosophy: from hexis to plasticity. *Body & Society* 19,2/3 (2013), S. 30–57

Cassian, Johannes, Über die acht Gedanken der Lasterhaftigkeit. Philokalie. Bd. 1. Schriftleitung Gregor Hohmann. Würzburg [2]2007

Chevalkov, Mikhail, Testament of Memory. A Siberian Life. Jordanville, NY 2011

Coyle, Daniel, The Talent Code. London 2009

Currey, Mason, Daily Rituals. How Great Minds Make Time, Find Inspiration, and Get to Work. New York 2013

Danner, Unna, et al., Paving the path for habit change: Cognitive shielding of intentions against habit intrusion. *British Journal of Health Psychology* 16,1 (2011), S. 189–200

Davenport-Hynes, Richard, Auden. New York 1995

Delor, F., Hubert, M., Revisiting the concept of „vulnerability". *Social Science and Medicine* 50 (2000), S. 1557–1570

Dewey, John, Human Nature and Conduct. An Introduction to Social Psychology. New York 1922

Dorling, Daniel, Injustice. Why Social Inequality Persists. Bristol 2011

Duhigg, Charles, Die Macht der Gewohnheit. Berlin 2012

Dworkin, Ronald, Justice for Hedgehogs. Cambridge, Mass. 2011

Elias, Norbert, Über den Prozeß der Zivilisation. 2 Bde. Frankfurt a. M. 1976

Ders., Zum Begriff des Alltags. In: K. Hammerich et al. (Hgg.), Materialien zur Soziologie des Alltags. Opladen 1978, S. 22–29

Evagrius Ponticus, 23 Kapitel über die Unterscheidung der Leidenschaften und Gedanken. In: Philokalie der heiligen Väter der Nüchternheit. Bd. 1. Würzburg 2004, S. 79–102

Fogg, BJ, http://tinyhabits.com

Frankfurt, Harry, Identification and wholeheartedness. In: Ders., The Importance of What We Care About. Cambridge [14]2007

Ders., Sich selbst ernst nehmen. Frankfurt a. M. 2007

Ganasegeran, Kurubaran, et al., Social and psychological factors affecting eating habits among university students in a Malaysian medical school: a cross-sectional study. *Nutrition Journal* 11,48 (2012)

Gandhi, Mohandas Karamchand, An Autobiography or the Story of my Experiments with Truth. New Delhi 1940

Gardner, Benjamin, Habit as automaticity, not frequency. *The European Health Psychologist* June 2012, S. 32–36

Gardner, Benjamin, et al., A systematic review and meta-analysis of applications of the Self-Report Habit Index to nutrition and physical activity behaviors. *Annals of Behavioral Medicine* 42 (2011), S. 174–187

Gardner, Benjamin, et al., Making health habitual: the psychology of „habit formation" and general practice. *British Journal of General Practice* 62 (2012), S. 664–666

Gaskell, Elizabeth, Ruth. London 2013

Glucksmann, André, Die Macht der Dummheit. Frankfurt a. M. 1988

Götz, Josef Thomas, Auf dem Weg zum energieautarken Klosterdorf. In: Clemens Sedmak et al. (Hgg.), Marktwirtschaft für die Zukunft. Wien 2013, S. 53–62

Haiden, Christine, Rainer, Petra, Vielleicht bin ich ja ein Wunder. Gespräche mit 100-Jährigen. St. Pölten/Salzburg [2]2007

Hamilton, Christopher, Middle Age. Stocksfield 2009

Hampe, Michael, Lindén, Jan-Ivar (Hgg.), Im Netz der Gewohnheit. Ein philosophisches Lesebuch. Hamburg 1993

Harden, Blaine, Flucht aus Lager 14. Die Geschichte des Shin Dong-hyuk. München 2012

Hare, Richard, Theology and Falsification. In: Ders., Essays in Religion and Education. Oxford 1992

Hartmann, Katrin, Ende der Märchenstunde. München 2009

Heidegger, Martin, Bauen, Wohnen Denken. In: Ders., Vorträge und Aufsätze. Stuttgart [7]1994, S. 139–156

Heller, Agnes, Das Alltagsleben. Frankfurt a. M. 1978

Hickman, Leo, Fast nackt. Mein abenteuerlicher Versuch, ethisch korrekt zu leben. München 2006; A Life Stripped Bare. My Year Trying to Live Ethically. London 2005

Ders., Living the Sustainability/CSR Agenda to the MAX. In: Clemens Sedmak et al. (Hgg.), Marktwirtschaft für die Zukunft. Wien 2013, S. 195–204

Hobbes, Thomas, Elements of Philosophy. London 1839

Hodgson, Geoffrey M., Reclaiming habit for institutional economics. *Journal of Economic Psychology* 25 (2004), S. 651–660

Horowitz, Alexandra, On Looking. Eleven Walks with Expert Eyes. New York 2013

Huang, Kevin X. D., et al., Temptation and Self-Control: Some Evidence and Applications. Federal Reserve Bank of San Francisco Working Paper Series 23. San Francisco 2013

Iveson, Chris, Solution-focused brief therapy. *advances in psychiatric treatment* 8 (2002), S. 149–157

Jaeger-Erben, Melanie, Zwischen Routine, Reflektion und Transformation. Die Veränderung von alltäglichem Konsum durch Lebensereignisse und die Rolle von Nachhaltigkeit. Eine empirische Untersuchung unter Berücksichtigung praxistheoretischer Konzepte. Diss. Berlin 2010

Jager, Wanda, Breaking „bad habits": a dynamic perspective on habit formation and change. In: L. Hendrickx et al. (eds.), Human Decision Making and Environmental Perception. Understanding and Assisting Human Decision Making in Real-life Settings. Groningen 2003

James, Aaron, Assholes. A Theory. New York 2012

James, William, Psychology: Briefer Course. Cambridge, Mass. 1984

Johannes XXIII., Geistliches Tagebuch. Freiburg i. Br. 1965

Kant, Immanuel, Kritik der praktischen Vernunft, Vorrede. Werkausgabe VII, hg. v. W. Weischedel. Frankfurt a. M. 1974

Ders., Kritik der reinen Vernunft. Werkausgabe III, hg. v. W. Weischedel. Frankfurt a. M. 1974

Ders., Schriften zur Anthropologie, Geschichtsphilosophie, Politik und Pädagogik 2. Werkausgabe XII, hg. v. W. Weischedel. Frankfurt a. M. 1977

Kämpchen, Martin, Leben ohne Armut. Freiburg i. Br. 2011

Kasser, Tim, The High Price of Materialism. Cambridge, Mass. 2002

Kehlmann, Daniel, F. Reinbek bei Hamburg 2013

Kilpinen, Erkki, Human Beings as Creatures of Habit. Helsinki Collegium for Advanced Studies. *Studies across Disciplines in the Humanities and Social Sciences* 12 (2012), S. 45–69

Kirchhoff, Bodo, Die Liebe in groben Zügen. Frankfurt a. M. ²2012

Kleeberg, Bernhard (Hg.), Schlechte Angewohnheiten. Berlin 2012

Klíma, Ivan, Liebe und Müll. München 1991

Klingberg, Jr., Haddon, Das Leben wartet auf dich. Elly und Viktor Frankl. Wien 2002

Knoch, Daria, Fehr, Ernst, Resisting the Power of Temptations. The Right Prefrontal Cortex and Self-Control. *Annals of the New York Academy of Sciences* 1104 (2007), S. 123–134

Lemkin, Raphael, Totally Unofficial. The Autobiography of Raphael Lemkin. Ed. by Donna-Lee Frieze. New Haven 2013

Levine, Judith, No Shopping. Ein Selbstversuch. Berlin 2007

Lewis, C. S., Dienstanweisung für einen Unterteufel. Freiburg i. Br. 1966

Lewis, C. S., Über die Trauer. Düsseldorf 2006

Locke, John, Versuch über den menschlichen Verstand. In vier Büchern. Hamburg 2006

Lutz, Ronald (Hg.), Erschöpfte Familien. Wiesbaden 2012

Margalit, Avishai, Politik der Würde. Berlin 1997

Markman, Art, Smart Change. New York 2014

McCourt, Frank, Teacher Man. A Memoir. New York 2005

Miller, Bonifaz (Hg.), Weisung der Väter. Trier [8]2009

Montaigne, Michel de, Les Essais. Paris 2004

Mörth, Ingo, Ziegler, Meinrad, Die Kategorie des „Alltags". Pendelbewegung oder Brückenschlag zwischen Mikro- und Makro-Ufer der Soziologie. *Österreichische Zeitschrift für Soziologie* 15,3 (1990), S. 88–111.

Musil, Robert, Der Mann ohne Eigenschaften. Reinbek 1970

Nadal, Jerónimo, Der geistliche Weg. Hg. v. J. Stierli. Freiburg i. Br. 1991

Niazi-Shahabi, Rebecca, Ich bleib so scheiße, wie ich bin. München 2013

Nietzsche, Friedrich, Die fröhliche Wissenschaft. Leipzig 1887

Nozick, Robert, A Portrait of the Philosopher as a Young Man. In: Ders., The Examined Life. New York 1989

Offill, Jennifer, Department of Speculation. London 2014

O'Nan, Stewart, Emily, allein. Reinbek bei Hamburg 2012

Payne, Martha, Payne, David, Never Seconds. The Incredible Story of Martha Payne. Glasgow 2012

Phillips, Liane, Garrett, Eco Montgomery, Why Don't They Just Get a Job? Highlands, TX 2010

Quash, Ben, Abiding. London 2012

Renault, Etienne, L'expérience de l'injustice: Clinique et reconnaissance de l'injustice. Paris 2004

Robinson, Les, Changeology. Totnes 2012

Rohr, Richard, Ebert, Andreas, Das Enneagramm. München
[37]2001

Rousseau, Jean-Jacques, Abhandlung über den Ursprung
und die Grundlagen der Ungleichheit unter den Menschen.
Schriften 1, hg. v. H. Ritter. Frankfurt a. M. 1988

Rubin, Gretchen, The Happiness Project. New York 2009

Dies., www.gretchenrubin.com

Sam, Anna, Die Leiden einer jungen Kassiererin. München
2009

Schnabel, Ulrich, Der Weg zu sich selbst. Ein Gespräch mit
dem Hirnforscher Wolf Singer über Erfahrungen bei der
Meditation und die Neurobiologie des Religiösen. *Die Zeit*,
23.10.2008

Schütz, Alfred, Luckmann, Thomas, Strukturen der Lebenswelt. Frankfurt a. M. 1978

Sedmak, Clemens, Armutsbekämpfung. Wien 2013

Ders., Auszeit. Ein Philosoph erlebt die Fitnesswoche. Feldkirch 2010

Ders., Innerlichkeit und Kraft. Freiburg i. Br. 2013

Shazer, Steve de, Words were Originally Magic. New York 1994

Singer, Wolf, Ricard, Matthieu, Hirnforschung und Meditation. Ein Dialog. Frankfurt a. M. 2008

Skidelsky, Robert u. Edward, Wie viel ist genug? München
2013

Sloterdijk, Peter, Du musst dein Leben ändern. Frankfurt
a. M. 2009

Soboczynski, Adam, Üben, Üben, Üben. *Die Zeit*, 7.4.2009

Spencer-Wendel, Susan, Until I say Good-Bye. Croydon 2013

Sunzi, Die Kunst des Krieges. München 2001

Swartz, David L., The sociology of habit: the perspective of Pierre Bourdieu. *The Occupational Therapy Journal of Research* 22 (2002), S. 61S–69S

Tanizaki Jun'ichirō, Lob der Meisterschaft. Zürich 2010

Tavares, Gonçalo M., Joseph Walsers Maschine. München 2014

Terzani, Tiziano, Noch eine Runde auf dem Karussell. Vom Leben und Sterben. München 2007

Thompson, Ted, Land der Gewohnheit. Berlin 2014

Toepfer, Steven, Walker, Kathleen, Letters of Gratitude: Improving Well-Being through Expressive Writing. *Journal of Writing Research* 1,3 (2009), S. 181–198

Trollope, Anthony, An Autobiography. Reprint. New York 1922

Wineburg, Sam, Historical Thinking and Other Unnatural Acts. Philadelphia 2001

Wittgenstein, Ludwig, Philosophische Untersuchungen. Oxford 1967

Wood, Wendy, et al., Changing Circumstances, Disrupting Habits. *Journal of Personality and Social Psychology* 88,6 (2005), S. 918–933

Zhao Jie, Kleiner Phönix. Eine Kindheit unter Mao. München 2013

Zimbardo, Philip, A Situationist Perspective on the Psychology of Evil. In: A. G. Miller (ed.), The Social Psychology of Good and Evil. New York 2004, S. 21–50